ゴーマニズム宣言
SPECIAL

新戦争論 1

小林よしのり

幻冬舎

目次

ゴーマニズム宣言
SPECIAL
新戦争論1
第1章
ウォーボット・ゲーム
プレデター
長時間の滞空可能、ミサイル搭載の無人航空機。

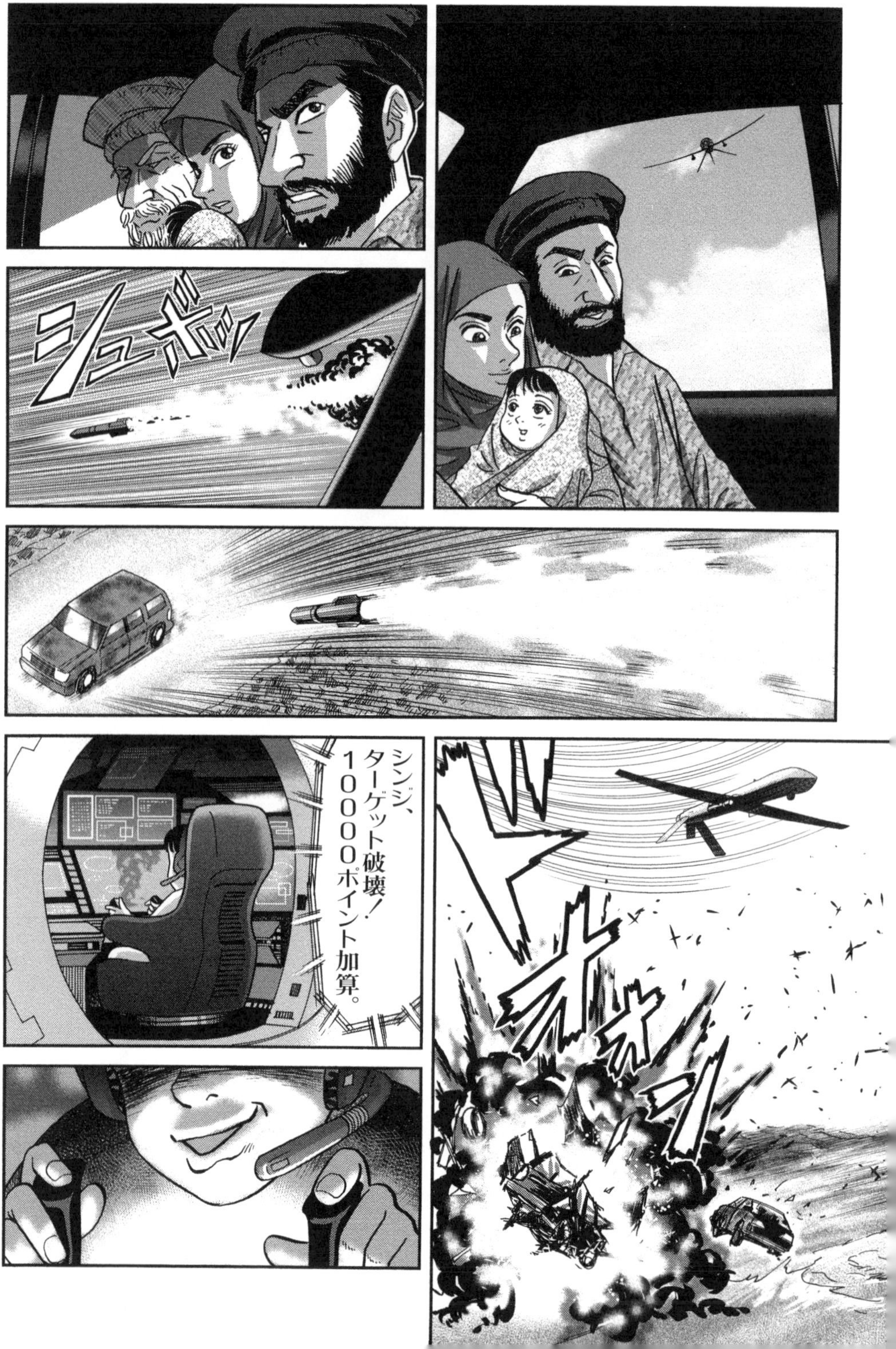
シュボッ
シンジ、
ターゲット破壊！
100000ポイント加算。
ドォォ

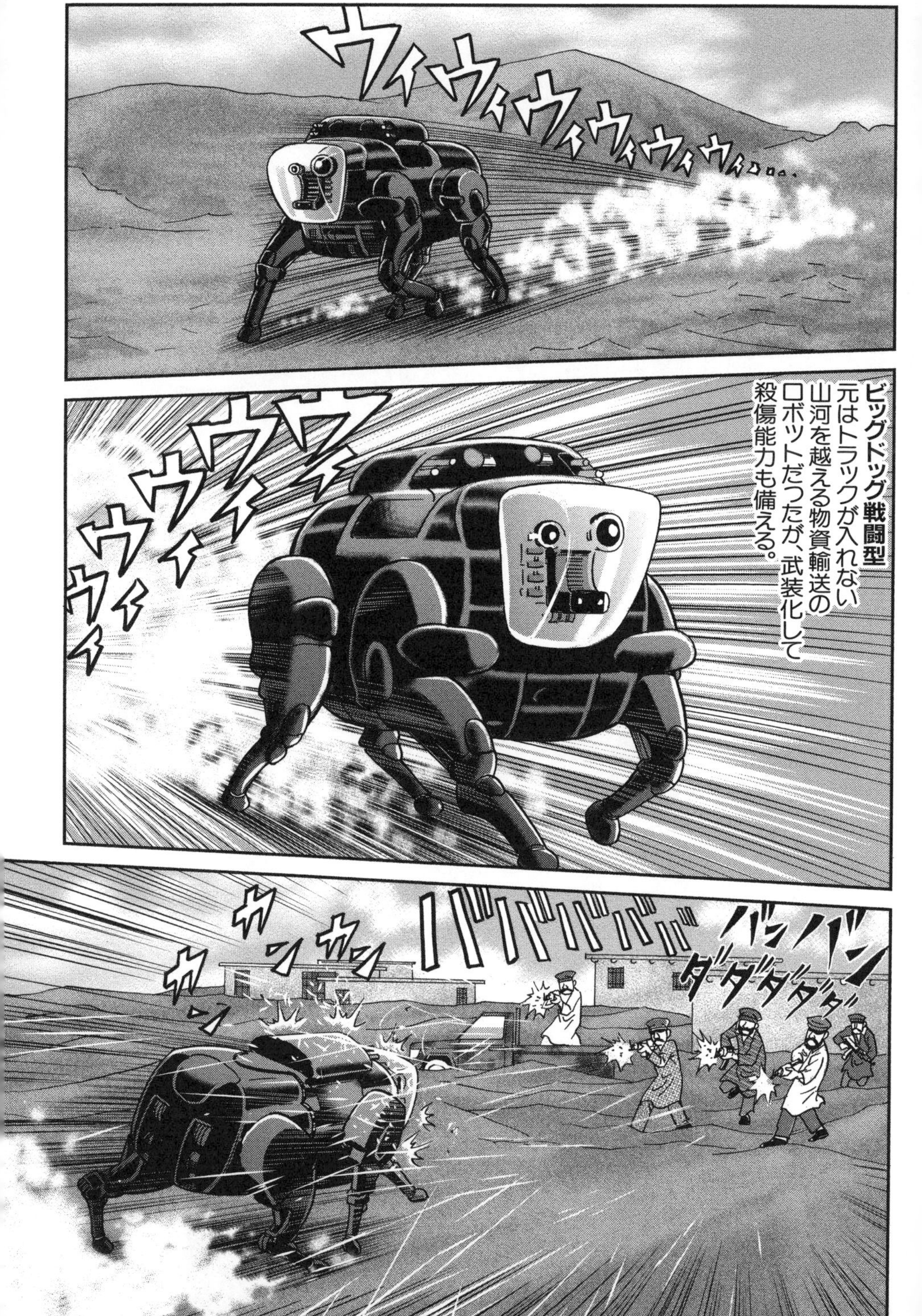
ウィィウィィウィィウィィウィィウィウんコロロ…
ビッグドッグ戦闘型
元はトラックが入れない
山河を越える物資輸送の
ロボットだったが、武装化して
殺傷能力も備える。
ウゥウィィウィィウィィウィ
カーン
カン
カン
バババババ
バンバン
ダダダダ

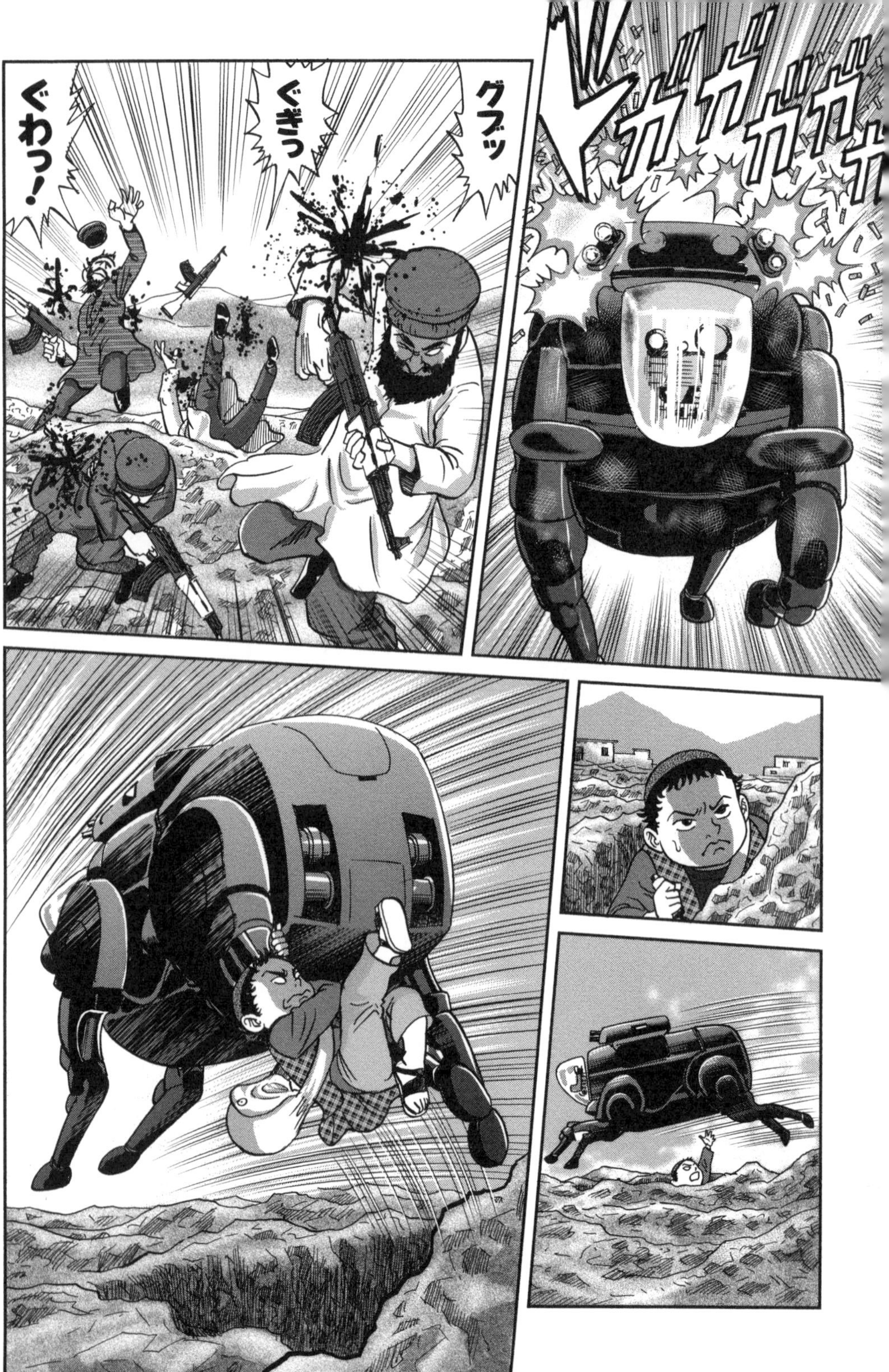
ガガガガガ
グブッ
ぐぎっ
ぐわっ！

タケオ、自爆テロ攻撃により大破！マイナス4000ポイント。
くそ〜〜〜〜っ！

バババババ
タタタタタ
ワァアアー
ドドーン
ドォオオ
タタタタタタ
ドォオオ
バババババ
バババババ

ドドド
オォォオオォォォ
ドドーン
ギョン
ギョン
ドォォオオ

シュゴオオォ
ガララララララ
パタパタパタパタパタ
カシュ
カシュ
カシュ
カシュ

ウィンウィンウィン
シュー…
ウィンウィンウィン

ウィーン ウィーン ウィーン

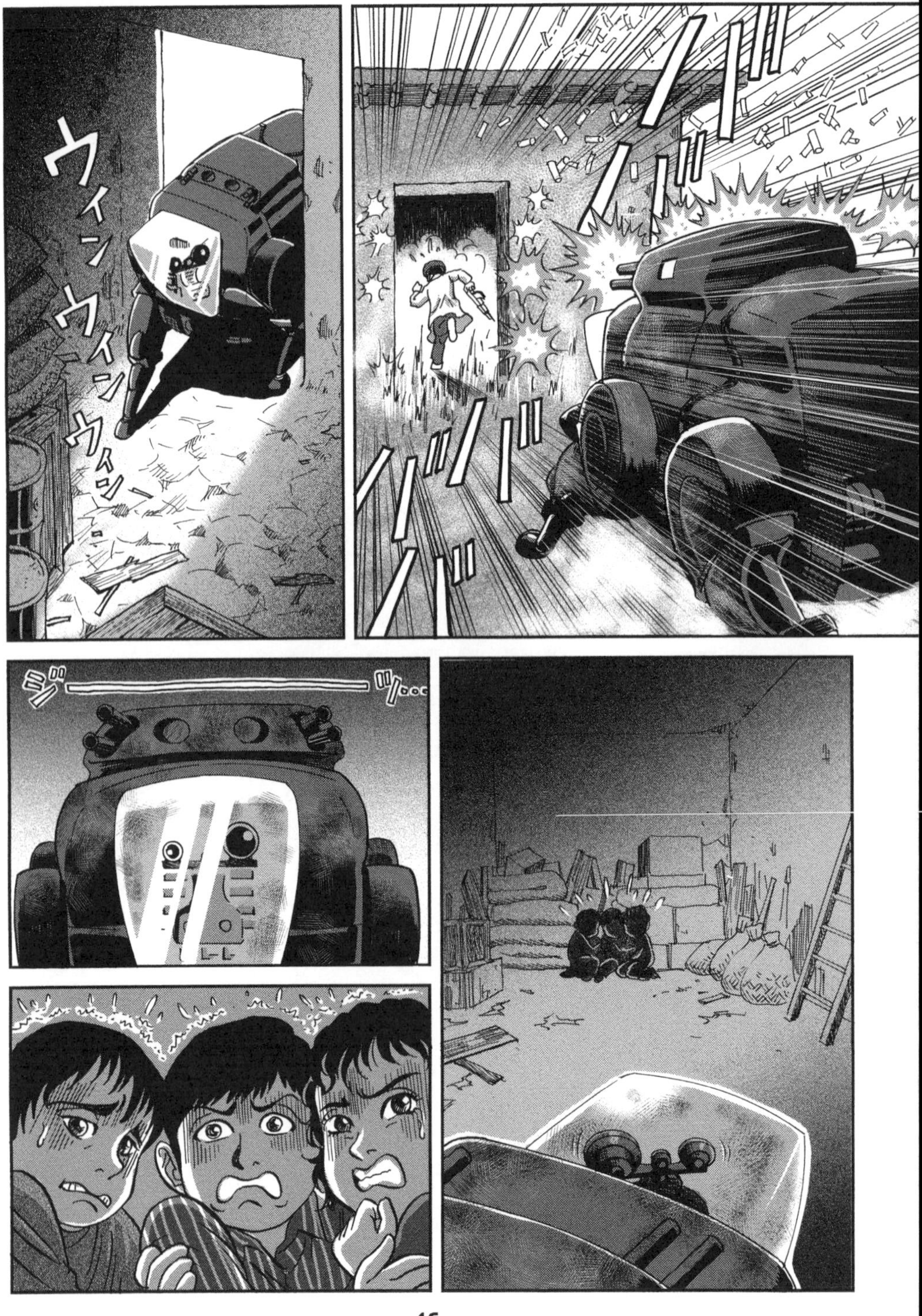

ウィンウィンウィンウィンー
ジーーーー

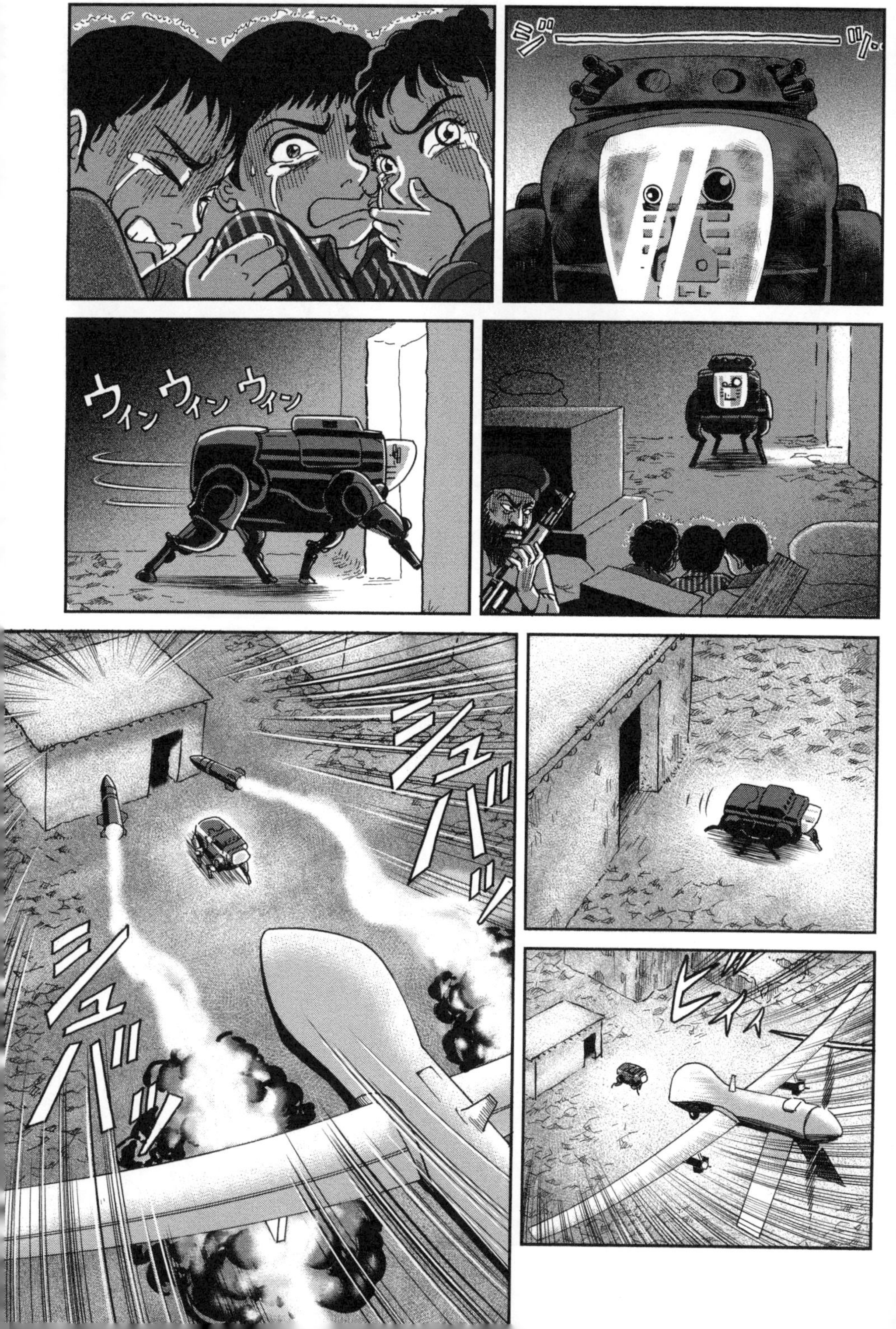

ジ――――――ッ
ウィーン ウィーン ウィーン
シュバババッ
シュババッ
ヒィィィー

何するんだシンジーーっ!?
それはこっちのセリフだ!敵を見逃したくせに!
子供がいたんだぞーーーっ!!
タケオ、君の戦闘員資格を停止する。
ス…
ええっ!?

なんで?
ぼくは10万ポイント保持者だぞ!
誰にもぬかれてない!
きみは罪悪感が芽ばえた。
もう使いものにならん。
ウォーロボットは味方の死傷者を一切出すことなく、敵を殲滅《せんめつ》させた。
敵軍を壊滅させて地上軍を送り込めば、占領は容易だった。
だが問題は、操縦者が罪悪感からPTSDになることだった。

そこで防衛省は少年志願兵を募集した。
ピッ
ピピッ
ピッ
ヒュ〜〜〜イ
ピュルルルル・・・
ヒュイ〜〜〜
ピピ・・・
彼らは大人よりはるかにウォーロボットの操縦が上手く、無邪気に戦果を競った。
14歳で退役だが、
罪悪感が芽ばえたら、
その時点で資格停止である。
だがその後の調査では、退役まで何事もなく任務を果たした少年が、成長するにつれ、様々な症状を示すことが明らかになった。
対人関係が上手くいかない者、
暴力的になる者、
子供の頃の記憶を消滅させる者、
そして自殺率が異様な高さになった。

そして画期的な技術が導入された。
誰でも遊べるコンバット・アプリである。
☆iBOT☆ GAME
もはや資格は問わない。
誰もが戦場と繋《つな》がるゲームの誕生だった。
戦場の光景はコンピューター・グラフィックに転換して、殺人のリアリティを圧倒的に減殺させた。
女・子供もそれをゲームと信じて熱中した。
地球の裏側で自分が罪なき人々を虐殺してるとは誰も思わなかった。
戦争は完全に日常に持ち込まれた。

ドオオオーーン
ガガガガガガ
ドドドドド
waku

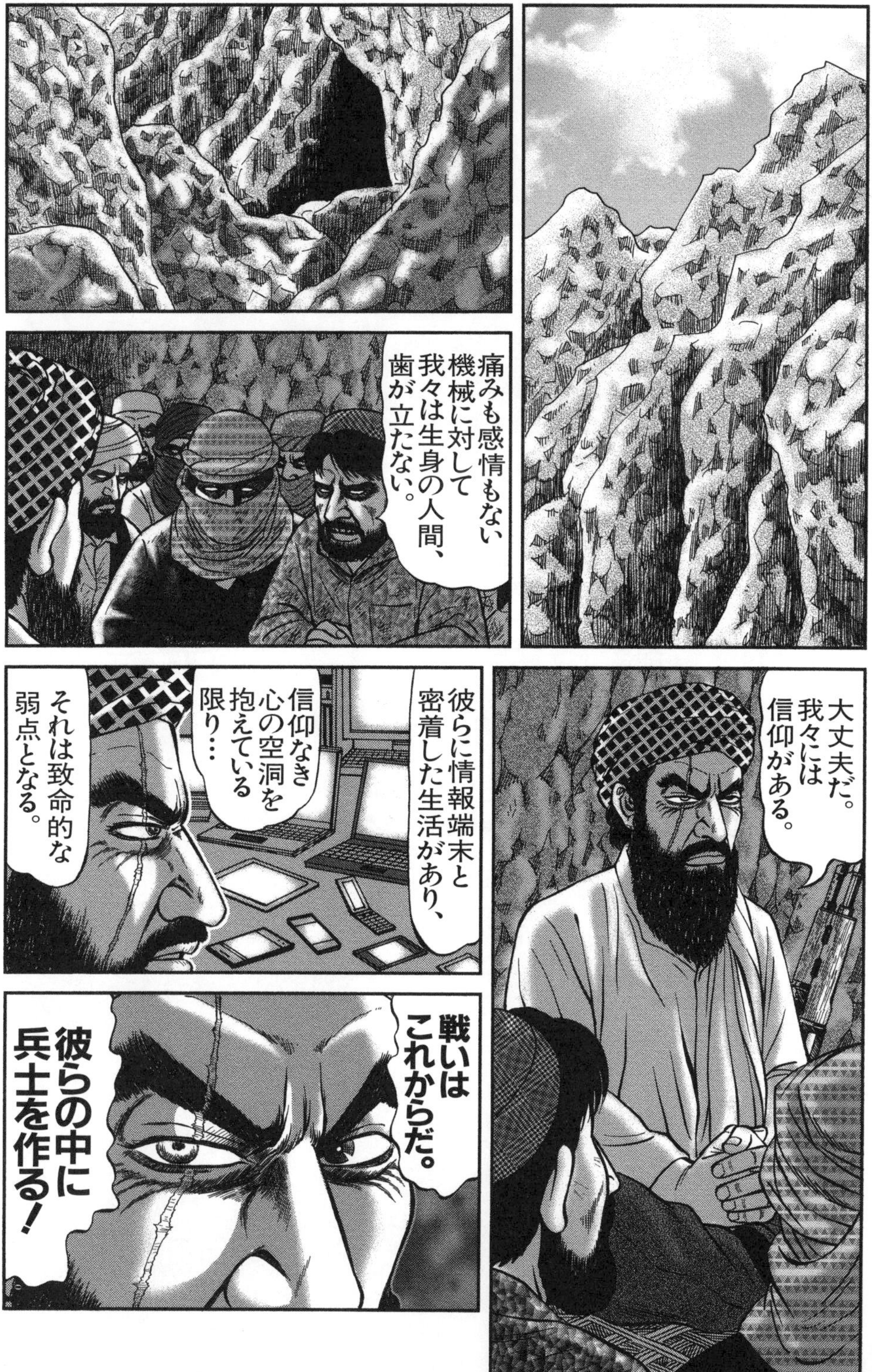
痛みも感情もない機械に対して我々は生身の人間、歯が立たない。
大丈夫だ。我々には信仰がある。
彼らに情報端末と密着した生活があり、
信仰なき心の空洞を抱えている限り…
それは致命的な弱点となる。
戦いはこれからだ。
彼らの中に兵士を作る！

しばらくしてネットの中から新たな宗教が興《おこ》り…
熱烈な信者が続々と生まれていった。
ゲームではない！
殺しているのだ！
戦っているのだ！
ゲームではない！
知ってる？あのアプリ、ホントに戦争してるってよ。
都市伝説だろ？
本当らしいよ。
オレ、見えたんだよ。
ウォーロボットに虐殺される女・子供が。
ゲームではない！
遊びながら殺している！

罰せよ！
罰せよ！
この世で最も罪深き者たちを罰せよ！
楽しんで機械を操る者たち、
女・子供まで殺戮《さつりく》してヒマをつぶす悪魔たちに…
神の裁きを！

ゲームではない！
肉を裂き、
血しぶきを上げ、
瞳孔《どうこう》を開き、
恐怖に顔をひきつらせ、
悲痛に涙は涸《か》れ、
怒りをほとばしらせ…
憎悪で悶絶《もんぜつ》しながら…

呪い…
呪い…
呪って、
絶命する。
それが戦場の現実なのだ！
ごーまんかましてよかですか？
戦争をゲームと思ってないか？
憎悪と呪いを受けとめる覚悟で戦場に行けるか!?

ゴーマニズム宣言
SPECIAL
新戦争論1
第2章
価値観を持つ
人間ゆえの戦争

動物は価値観を持たないが、人間は価値観を持たずにいられない生物だ。
わしは寿司屋で子供がネタを注文して食ってるのを見ると腹が立つ。
はまち
中トロ
甘えび
コハダ。
くそっ!
コハダなんか知ってるのか?
ガキのくせにっ!

こんなガキを何で寿司屋に連れてきてるんだ、あの両親は？
分をわきまえる。分際を知るという価値観が失われてきた。
お金持ちの家族だからね。
金持ちなら大人と子供の分別を無視していいとはならない！
ガリッ
わしの子供の頃は、寿司なんてよっぽどめでたい時に、出前で頼むものだったぞ。
寿司屋には行ったことないし、回転寿司なんてなかったし。
わしが寿司屋で食えるようになったのは、漫画家になって、よっぽど稼いでからだ。
なのにあのガキは、まだ稼ぎもないくせに、寿司屋に行き慣れてるじゃないか！
この塩加減酢締めの加減が絶妙だなあ。

み…見ろ！ガキのくせに大将に指図してるぞ〜〜〜〜っ！
ネギトロを手巻きでください。わさびも利かせてね。
大将、悔しいだろうな〜〜〜っ
ガキの命令を受けて寿司を握るなんて奴隷よりつらいぞ。
人生を賭けて会得した職人魂が、甘えた幼虫に過ぎないクソガキに食い荒らされる無惨を見ろ〜〜〜〜っ！
これが人間の誇りをカネで屈服させる資本主義の残酷な現実だ〜〜〜〜っ！
大将の人生は今、終わった！
ガキに殺された！
屈辱！屈辱！屈辱〜〜〜〜っ!!
先生が大将を侮辱してる気がするけど…

寿
こんな寿司屋は二度と来ない。
そんなに怒らなくてもいいんじゃない？
またあのガキを見たら、寿司がまずくなるだけでは済まない。
ぶん殴るかもしれないからこの寿司屋はやめよう。
価値観というものは厄介で許容できないものは許容できない。
価値観の違いは「憎しみ」を生み出す。
富裕層が嫌いだなあ。
資本家が嫌いだなあ。
やっぱり革命起こして共産主義にしようかなあ。
回転寿司なら家族で行ってもいいの？
いや、そもそも貧乏人がマグロを食っていることに腹が立つ。
身のほど知らずめが!!
貧乏人って…共産主義なら平等でしょーっ

貧乏人までがマグロを食うから、クジラの次はマグロという風に、乱獲の規制が問題になるのだ。
いや、日本人の貧乏人にぜいたくさせるだけならまだ良かった。
今や、グローバリズムで、欧米人や中国人まで寿司を食うようになったことが、資源の枯渇に繋がるのだ！
ナマで魚を食うのは日本人の食文化だったはずだ。
外国人が寿司を食うな！
日本人以外に寿司の美味《うま》さがわかるわけないから、カリフォルニア巻きとかいい加減なものに化けてしまう。
大体、欧米人は、寿司を食うならクジラ漁をなぜ嫌う？
それは一理あるな。
奴らは、牛は百万頭でも殺して食ってもいいが、クジラはダメだと言う。
その身勝手な価値観は傲慢《ごうまん》そのものだ！

昔はステーキと言えば
クジラしかなかった。
牛肉のステーキなど
日本人は食べて
なかったのだ。
私、クジラの
ステーキとか
食べたことない。
アメリカ人は
イルカ漁にも文句を言う。
イルカ漁は特定の漁村の
伝統であって、日本全体で
やっているものではない。
それでもアメリカ人は
限定的な漁村の
伝統まで消滅させたがる。
日本人よりイルカの方が
高等生物だと思っている。
アメリカ人は価値観の
押しつけが侵略的である！
アメリカ人は牛の
大虐殺によって、
ジャンクフードを
大量生産・大量消費し、
若者の脳を破壊し、
肥満を作り、
凶悪犯罪を
増やしている。
最近は日本人も
子供の頃から
ジャンクフードに
親しんでるけど
……
だから最近の30代、40代は
いかにもなオタク体型に
なったり、家に引きこもって、
ネットで絆を求めたり、
接触系アイドルに
熱を上げたり、
ネット右翼にはまって
攻撃相手を探したり、
排外主義デモに参加して
ヘイトスピーチで
騒ぎたがる。
出てけー！

あげくの果ては、ヤケクソの「無敵の人」となって、承認欲求のために無差別殺人をやってしまう。
このままでは日本が亡びる!
ジャンクフードをなくすべきだ!
それがわしの価値観である。
この価値観は正しい!
日本人はアメリカの価値観に洗脳されやすい。
バレンタインデーは、昔は女からいっぱいチョコをもらえたのに年とったら数個しかない。
それ自分の文句じゃん!
クリスマスには女がカラダを許してくれたのに、最近は身持ちが固くて保守的だ!
それも自分の不平不満じゃん!
ハロウィンなんか最悪だろう!カボチャなんかかぶれるかっ!
よしりん先生はかぶらなくていいっ!

商売のためなら企業やマスコミが大衆の消費意欲を刺激して、奇妙な文化が次々でっち上げられていく。
資本主義には倫理もモラルもないでいいのか？
まったく許せん！
まだ幼すぎる少女の水着写真やDVDを販売しているのも異常だ。
親も問題だし商売人も問題！
ヘンタイ幼児性愛を増やす商売は禁止されて当然！
だが単純所持も禁止となると、別件逮捕で冤罪《えんざい》をつくる危険がある！
おまえのパソコンにこんな写真入ってたぞ！！
オレ知らねーよー
表現の自由が何でも許されるとは思わんが、自主規制語がどんどん増えていくのは間違っている。
めくらでなく、目の不自由な座頭市
軍師官兵衛は、びっこを引いているのではなく片足をひきずって歩いている。
最近では『おぼっちゃまくん』のコンビニ版が出るとき、怖賀《こわが》リータを「おかま」と呼ぶのが差別ということで、「オネエ」に直された。
女ことば使《つか》うけど男なんでしゅ…。
オネエですね！
あれがお姉さんとは思えない！
ガタガタ
カマを掘るからオカマの方が正しいだろう！
ぴくぴく
どきどき
そわそわ
よろしくね♡

誰もが日常、価値観の相違で憤りを覚え、屈辱を感じ、争いになっている。
家族が大事か、仕事が大事かという価値観の違いから、離婚になる例だってある。
家族を大事にしない夫なんかいらないっ！
離婚届
女はお茶くみとか、女は家庭に入るべきとか、女は子供を産むべきとか、男尊女卑の価値観は日本人の脳髄にまで沁《し》み込んでいる。
女が政治に口出しするなと思っている男も多い。
わははぁ
けーっひひひー
早く結婚した方がいいんじゃないか？
わははは
自分が産んでから！
へへへへー
がんばれよ。
あはははがはは
動揺しちゃったじゃねえか。
先生の努力次第。
やる気があればできる！
産めないのか？
男尊女卑――男が女を差別する感覚が残っている日本で、同性愛結婚が認められるはずがない。
ましてやレズのカップルやゲイのカップルが子供を育てるのはなかなか難しい。
価値観が一般人と違い過ぎている。

政治的な価値観の衝突になると、対立が熾烈《しれつ》を極めて、相手に殺意すら芽ばえるのは普通だ。
平成10年（1998）、『戦争論』が出たときは、左翼から思いっきり憎まれた。
戦争論
小林よしのり
君たちは戦争で死ねるか
小林よしのり『戦争論』批判
世界
SEKAI
新「国粋主義」の土壌
ウソとホントの
ゴーマニズムをのりこえる
だが、平成15年（2003）、イラク戦争に反対したら、親米保守から憎まれた。
戦争論2
小林よしのり
戦争論3
小林よしのり
文化人の通信簿
皇統の直系継承（女系も容認）の立場をとったら、保守を自称する者たちのほとんどから、徹底的に憎まれた。
小林よしのり「新天皇論」の禍毒
新天皇論
小林よしのり
天皇論
小林よしのり
全日本人必読!

皇統の「男系固執派」の中には、わしに対して「殺意を覚える」とまで右翼新聞に書いた者もいて、命がけの主張である。
『脱原発論』を出した時も、自称保守は憎悪した。
脱原発論
わしの「脱原発」の価値観の根源は、「パトリオティズム」(郷土愛)であり、石炭・自然エネ・省エネで地産地消・内需主導型の経済を目ざし、エネルギーの完全自給を達成することにある。
だが、新自由主義型の経済を目ざす政権や、自称保守・ネット右翼は、「進歩主義」なので、わしの価値観を理解しない。
「保守」とは何なのか?
その価値観がわしと、自称保守では全然違うようなのだ。
今は言論じが武器が許されてないが、幕末のように銃器の使用ができるなら、対立する勢力とは殺し合いになっていただろう。
うおおおおおお
パン
パン
パン
パーン
パーン
パーン

価値を信じる限り、
対立する価値の者とは、
争うことになる。
個人と個人でも
互いに憎み、
戦いになる。

民族にも、宗教にも、
国家にも、全然違う、
時には理解不能の
価値観があるのだから、
憎しみと戦争がなくならないのは
自然な状態である。

動物は価値観を持たないが、食欲と性欲のためになら、憎み戦う。
人間は食料とエネルギーのために戦争するが、
国家や民族や宗教や歴史観に重大な価値を見《み》出《いだ》し、憎しみを膨張させる。
国内の不満を政権がそらすために他国・他民族への憎悪を煽《あお》り、
やがて暴発して戦争への道を突き進んで行く。
ごーまんかましてよかですか？
価値を信ずる限り、個人も国も戦争する。
人間である限り戦争する！

ゴーマニズム宣言
SPECIAL
新戦争論1
第3章
イスラム国は
イラク戦争が生んだ
可能性だ

『戦争論』で論じたが、「戦争」の反対は「平和」ではない。
「戦争」は(手段)だから、その反対は…
「話し合い」という(手段)である。
では「平和」の反対は何か?
「平和」という(状態)の反対は…
「混乱」「無秩序」という(状態)である。
ドオオーン!

フセイン大統領の独裁による
イラクという国は、
中東の優等生と言われる
ほどの近代的な国だった。
非人道的な
虐殺も行われていたが
「秩序」は保たれていた。
だが、アメリカの
侵略戦争によって、
イラクは崩壊し、
「無秩序」になった。
無秩序は
独裁よりも恐い。
スンニ派、シーア派、クルド人
などの宗派対立が起こり、
テロが日常化し、
国境線が曖昧になって
アルカイダも侵入し…
もっと過激なジハード主義の
組織ISISがシリアから
進軍してきて、6月29日、
「イスラム国」の樹立を宣言した。

イスラム国の台頭を、なぜアメリカをはじめ英仏や、サウジなどの中東5カ国までが封じようとするのかと言えば、価値観が違うからである。
欧米は建て前としては、「イスラム国はテロ国家であり、テロが世界に波及する」と危機を煽るが、それだけではあるまい。
中東やアフリカやインドネシアまでのイスラム圏は、
そもそも欧州がかつて帝国主義でぶんどり合いをし、勝手に領域の線を引いて、植民地にした地域であり、
それが第二次大戦以降に独立して出来上がった国々である。
シーア派
スンニ派
民族や宗派もバラバラな人びとが無理矢理、「国民国家」の擬制を強いられてきたのだ。
トルコ
シリア
レバノン
イラン
イラク
ヨルダン
イスラエル
クウェート
サウジアラビア
その統治者は、欧米と石油などの利権で繋がった独裁者だから、自らの利権を守るためなら欧米と手を組む。
国内の民衆が反米でも抑え込まれる。

だが本来、イスラム教徒には「国民国家」の観念は弱い。
イスラム教徒は元々国境を意識しないグローバリストなのだ。
それこそ西はセネガルから東はインドネシアまでの人口16億のイスラム教徒は、イスラム法という同じ価値観を信じて繋がることが出来るのだ。
つまりアメリカの拝金主義のグローバリズムと、イスラムの喜捨・無利子のグローバリズムという、価値観の対立が深層にあり、
欧米は植民地以来の疑似国境線の中に、イスラム教徒を押し込めておきたいのだ。
平然と疑似国境線を無視して領域を拡大するイスラム国を、欧米は許すことが出来ない。
シリア
イラク
しかも、イスラム国はSNSを巧みに利用して、世界から兵士を募集し、
イスラム国の総兵力10万人のうち、3割以上が外国人で、イギリス・フランス・アメリカその他の国から参加する者が後を絶たない。
日本からも北大生が参加しようとしていた。

イスラム国の兵士の補給先は、
欧米の超格差社会の底辺、
貧困層に落とされた若者たち
であり、自国にいても
絶望しか見えない者たちが、
実存を求めてイスラム国に
参加しているのだ。
アメリカ流の弱肉強食の
資本主義で、世界を
覆いつくそうとする
グローバリズムによって、
情報が国境を容易に
越えるようになったこと、
貧困層に落ちた若者が
夢を持てなくなったこと、
…などの要因が、
イスラム国のジハード（聖戦）に
魅力を感じる若者を
育てている。
この傾向は止《や》まないだろう。
アメリカのイラク侵略が
なければ、
イスラム国は
生まれていない。
オバマ大統領はイラク戦争を
終わらせるのが目標だったが、
とうとうイラクだけでなく、
シリア空爆にまで踏み切った。
また罪なき民衆が
空爆の下で犠牲になって
いるのである。

もうアメリカは中東の砂塵《さじん》の迷路から抜け出せないかもしれない。
中東の国境線には無理がある！
欧米が力ずくで疑似国境線にイスラムを封じ込めるのも限界が来るだろう。
ごーまんかましてよかですか？
イラク戦争はアメリカにとって、魔界の扉だった！
中東においては無理のある近代国家の枠組みを、唯一守れるフセイン政権を倒したのは、歴史的大失敗だった！
我々、日本人はこのイラク戦争から多くの教訓を得ることができるのである！

ゴーマニズム宣言
SPECIAL
新戦争論1

第4章 わしはイラク戦争の結果を予言していた

イラクは今、混沌(カオス)である。
ムチャクチャになっている。
アメリカがイラク戦争を起こし、フセイン政権をぶっ壊して、占領し、民主化するという話だったのに…
部族対立が収まらず、テロ集団も入ってきて、大混乱に陥っている。

だが、この結果をわしはイラク戦争が始まる前から予言していた!
『新ゴーマニズム宣言』の12巻・13巻を読んでみるがいい。
わしは改めて読んでみて自分が恐ろしくなった。
まるで予言者じゃないか!
大義
砂塵に舞う
全ての日本人にイラク派遣自衛隊員の「名誉」と「大義」を問う
2002年「SAPIO」11月13日号では、まだイラク戦争の前年だが、すでにこう描いている。
イラクには天皇に当たる権威はいない。
イラクにはスンナ派やシーア派やクルド人など、宗教も民族も違う部族が対立しつつ住んでいる。
本来「独裁」でなければ治められないような国なのだ。
そこに米国主導の軍事政権を作るという。全く大した冒険をやろうとするものだ。
アメリカの一極支配など前提に話をするな。
そんなことはありえない。
中東も、そう簡単に親米・民主化できないし、
欧州も意地を通す。
中国・ロシアだって、アメリカへの反発心は持ち続ける。
実利を取って、表面、アメリカを支持しても、「依頼心」の欠片《かけら》もないのだ。
なにしろ今後、テロは却って増えていく!
アメリカがそうしたのだ。
天才! 天才! 小林よしのりは天才である!

2003年「SAPIO」4月23日号で発表した作品ではこう描いている。
イラクの独裁は、砂漠の民の民族性と、ヨーロッパから勝手に国境線を引かれたために、宗教と民族のモザイク国家にされてしまった悲劇に根ざすものであり、
彼らの残酷性は、あえて言えば、アラブの文化のようなものである。
サウジアラビアだって未だに公開処刑があり、民衆は娯楽代わりに見に来ている。
フセインの独裁を金正日の独裁と同列にして報道するのは間違いである！
フセインは中東の優等生と言われ、西洋かぶれと言われるほどの近代化推進者ではないか！
義務教育は無料で、小学校の就学率は100%。識字率は高く小学3年生から英語を学び、だれでも大学まで行けて、アメリカにもイギリスにも留学する。ユネスコに表彰されるほどの教育立国だったのにこれを妨害したのは国連の経済制裁だった。
中東は、どこでも女性差別が激しいがイラクには2割の女性議員がいる。
クルド人はトルコからもイランからも、周辺諸国から弾圧されているが、イラクは自治権を与えていたではないか！
クルド人自治区
トルコ
シリア
イラン
ヨルダン
イラク
バグダッド
サウジアラビア
クウェート
ペルシア湾
北朝鮮なんかとは比較にならない近代国家であるイラクは、親日的でもあった。
台湾が蒋介石の独裁政権から、蒋経国を経て、ついに李登輝で民主化を達成したように、イラクも自力で変化してゆける可能性があったのではないか？
執筆したのはイラク戦争開戦（3・20）の一週間後である。
あまりにも見事な分析！
すごすぎる！

同年「SAPIO」6月11日号でも、こんな鋭い分析を行い、批判しまくっている！
わしが言いたいのは短兵急《たんぺいきゅう》なアメリカ流の「自由化」「民主化」よりも、「歴史」の方が大事だということだ。
イラクは歴史の歯車が回り続ける国だった。
決して北朝鮮のような「失敗国家」ではなかった。
フセインの「独裁」は、第一次大戦後英仏列強に無理矢理引かれた国境線に閉じ込められた、宗教・民族・血族の対立を、とりあえずまとめるための必要悪でもあった。
フセインの「残酷性」は、あの「略奪」と同じアラブの文化に根ざすものでもあった。
「国民」ができるまでは、日本でも血を流し合う凄惨な時代があったではないか。
織田信長なんて、政教分離のために平然と女・子供まで虐殺したその近代合理主義において、フセインと近いじゃないか。
アメリカが最後通告で言った「フセインよ降伏しろ、さもなくば戦争だ」が、国際法の前例から見て無茶苦茶だと、さすがに岡崎氏も認めて笑っている。
慣習法としての「国際法」や、日本が敵国条項に入れられている「国連」を、信仰してもしょうがないが、
そうまで「国際法」が無意味だと言うのなら、
なぜ「国連を脱退せよ！」と主張しない？
そう言わないのはなぜだ？
わしはずっと警告していた。
何ひとつ間違ってない！
自画自賛してなぜ悪い？
どいつもこいつもイラク戦争のことを忘れてるじゃないか！

これも、同じ6月11日号で主張したことだ!
今でも全く同じことを言いたい!
アメリカの帝国化が世界に安定した秩序をもたらすとは思えない。
むしろ世界を取り返しのつかない混迷に導く危険を感じる。
アメリカ自身をさえ蝕むと予感する。
そして日本は徹底的に主体性を失って虚無に浸っていく。
せっかくの2000年の歴史を忘却していく。
だからわしは言論を武器としてアメリカを裁き続ける。
これがわしの立場だ。
に対して親米保守派の立場は…
日本は素直にアメリカ帝国に恭順の意を示して属領国化すれば、生き延びられる。
…というだけのものだ。
さて真の保守の立場とは一体どちらでしょう?
当時、小泉首相はじめ日本政府はイラク戦争を全力で支持した。
産経新聞や、自分たちは「保守」だと思い込んでる論客や、ネットの者たちは、アメリカ万歳!イラク戦争万歳!の奴らばかりだった。
諸君!
正論

イラク戦争は侵略だ！
大義はない！
アメリカは失敗する！
…と主張するわしに対して、自称保守派の者たちは、猛烈にバッシングを繰り広げた。
わしは、覚えている。
決して忘れやしない。
死ぬまでネチネチ言ってやる！
2003年に始まったイラク戦争は、2001年、アメリカが「テロとの戦い」としてアフガニスタンを攻撃したその延長線上で、イラクのフセイン政権を強引に崩壊させた侵略戦争である。
その原因・目的は何だったのか？
イラクにはテロリストはいないし、大量破壊兵器はなかった。
「テロとの戦い」ではなかったのである。

戦争は政治の延長であり、二国間の国益の衝突を解決する手段として、外交交渉が決裂したときに、武力解決が選択されるという説がある。
この説から、戦争の目的には、合理性があると思い込みがちなのだが、イラク戦争はもっとバカバカしい原因で始まった。
イラク戦争当時も、真の目的は石油だとか、経済合理性で解釈する者もいたが、実はそんなわかりやすい目的ではない。
イラク戦争は、9・11同時多発テロの「衝撃」を利用して、ブッシュ大統領の「熱狂」と、ネオコンの「妄想」が生み出した、極めて非合理的な戦争であった。
9・11以降の「熱狂」醒《さ》めやらぬブッシュのテキサス親父的なフセイン＝悪＝やっつけるべしという信念に、
ネオコン（新保守主義者）が「中東民主化構想」という理論づけを行ったことが
この戦争の強力な推進力になったのである。

アメリカも、イギリスも、イラク戦争の総括まではやってないが、この戦争の失敗には気づき、大量破壊兵器の不在を認めて、謝罪した。
情報の多くは結果的には間違っていました
結果的に間違っていた
「大量破壊兵器保有」発言は人生の汚点
作り話をする機会をくれた
自分自身を始めほとんどだれもが間違っていた
米国人は、出口なきイラクの占領(戦争)に嫌気がさして、その上、天文学的な軍事費の膨張が、米国経済を圧迫し、やっと頭を冷やした。
オバマ大統領はアフガン・イラク戦争からの撤退を訴えて大統領になった。
日本も無関係ではない。国内にも、国際社会にも、アメリカのイラク戦争への支持を積極的に訴え、
戦闘終了後の占領中、(占領中=戦争中なのだ)「復興支援」の建て前でサマワに自衛隊を出したのである。
イラク戦争を支持した日本の選択について、政府もマスコミも国民もなぜ検証しないのか?
行き当たりばったりの外交でよしとする国家では、第二次世界大戦のような破局を招く危険がある。

集団的自衛権の行使容認が閣議決定され、いつアメリカの要請で海外派兵の局面が来るかもわからない。
今度は武力衝突も覚悟しなければならない。
Show the flag！
Boots on the ground！
わしはイラク戦争を反省するか否かが、日本の未来を決定づけてしまう、
重大な運命の分かれ目になると考えている。
日本はアメリカと共に、中東で、アラブを敵に回して、永遠に戦うことになるかもしれない！
中国が恐いから、北朝鮮が恐いから、アラブ人を殺せでいいのか？
それは大げさだと必ず自称保守派は言うだろう。

だが、彼らはことごとくイラク戦争の予測を外した連中だ！
わしはことごとく的中させた予言者である！
ごーまんかましてよかですか？
日本はアメリカと一体になって、永遠に戦争をする「普通の国」になるが、
国民はそれでいいのか？
イラク戦争を検証せよ！

当時、国内外で、どんな議論があったのか？
イラク戦争とは何だったのか？
我々は記憶を確認せねばならない!!

ゴーマニズム宣言
SPECIAL
新戦争論1

第5章 妄想戦争について行く恐米ポチ

戦争というものが、まったくバカバカしい妄想を根拠に始まることがある。
深い意味はない
妄牛ジェントルマン
ほんの一部のアメリカ人の妄想が原因で死んでいった者たちは本当に気の毒だ。
だが、わしから見れば一笑に付すべき質《たち》の悪い妄想を、本気で信じてしまう日本人もいたのだ！
自称保守の言論人の中に！

当時わしが「親米ポチ」と呼んだ者たち、
親米がもはや「恐米」となってしまった論客、政治家、官僚たちが、
アメリカ人の妄想にだまされたのがイラク戦争だった。
2001年9月11日——アメリカ同時多発テロ事件で約3000人が死亡。
すべてはここから始まった。
9月20日——ブッシュ大統領はこう演説した。
すべての国、すべての地域は今こそ一つの決断を下さなければならない。
我々につくか、テロリストにつくかのいずれかだ!
犠牲者には同情するが、世界に向かって、ここまで自己中心的な脅迫的演説をするか?
大国のリーダーがカッカしすぎじゃい!

米国中がナショナリズムに覆われて、異論を許さぬ空気が形成された。
米国人が異常なのは、その空気を世界にまで拡げようとしたことだ。
だがわしは毛唐の空気に感化されるような人間ではない。大和《やまと》男子だ！
わしは金融グローバリズムが大嫌いで、その総本山たる世界貿易センタービルが狙われたことに快感を覚えた。
アメリカの本土を脅かすことなど、世界のどの国にもできないと思っていたので、その衝撃を『戦争論2』で「その手があったかー！」と表現した。
正直に言う。あの瞬間にわしが感じたものは「希望」だった
その手があったか～～～っ
戦争論2
小林よしのり
すると保守派から猛烈な反発の声が上がった。
犠牲者もいるのに、その描き方はなんだ～～～～!?
テロを擁護するのか～～～～!?
米国の「熱狂」的な空気に日本の保守派までが感化されていた。
ほげ～～～～っ
何でやろ、この人たち？

日本は先の大戦で、米軍に全国200以上の都市を無差別空襲され、死者33万人、負傷者43万人の犠牲者を出し、(国際法違反)
広島・長崎に2個の原爆を落とされ、30万人を殺戮された。(国際法違反)
まさに大虐殺である。
日本人なら、この恨みを少しは持続させているかと思っていたら、全然違った。
ギャーコラ
ギャーコラ
特に『戦争論』を大絶讃した保守派なら、共感するはずと思っていたのだが、
彼らは全員、敗戦後の占領政策でアメリカに魂を抜かれ、「親米保守」になっていたのだ。
戦争論
新ゴーマニズム宣言
わしはこの時、初めて保守派の真の姿を見て驚いた。
黒船の砲艦外交から大東亜戦争までの、祖先が持っていた「攘夷《じょうい》」の魂が、こいつらには失われている。
テロは悪だー
「攘夷」を保守していないニセモノの日本人か…。

9月15日──アーミテージ国務副長官が柳井駐米大使に、「ショー・ザ・フラッグ」と発言。
日本でも「対テロ戦争」への参加を示す旗を立ててくれと言うのだ。
10月7日──テロの報復として米国がアフガニスタンを攻撃。
「テロとの戦い」「テロは悪」と口々に叫ぶ「親米保守派」に違和感を持ったわしは、その認識の危険性を指摘し続けた。
新疆ウイグル
チベットの抵抗運動もウイグルの抵抗運動も、中国政府から見れば「テロ」と認識して弾圧することを正当化してしまう。
テロは少数者の権力に対する最後の抵抗手段になる場合もあり、ネルソン・マンデラもかつてはテロリストと呼ばれたが、今は「自由の戦士」と見られている。

日本の幕末も、明治初期も、テロの果たした役割は大きい。
抵抗する者をすべて「テロリスト」で括《くく》って、巨大な暴力装置で弾圧・殲滅《せんめつ》すれば万事解決と考えるのは危険である。
「テロとの戦い」を口実に空爆を繰り返すアフガニスタンで、何人の無辜《むこ》の民が誤爆で死んでいるのか、親米保守派はまったく鈍感だった。
2002年
1月29日——ブッシュ大統領が一般教書演説でイラクを非難する「悪の枢軸」発言。
THE AXIS OF EVIL
ブッシュの言う「悪の枢軸」とは、イラク・イラン・北朝鮮である。
戦前は日・独・伊が「悪の枢軸」とされたのだから、常に自らを正義と思っているアメリカ人には、むかつく。
2月27日——米軍が発表した「対テロ戦争貢献リスト」から、日本が落ちる。
親米保守派にはこういうことがコンプレックスになるのだ。
7月8日——ブッシュ大統領が宣言。
フセイン政権は排除されなければならない！

8月26日——チェイニー米国副大統領。
イラクの核脅威は、予防的攻撃の正当性を証明している。
9月12日——ブッシュ大統領、国連総会で演説。
サダム・フセインは大量破壊兵器を開発し続けています。
イラク政権のふるまいは、国連の権威に対する脅威であり、平和に対する脅威です！
アフガニスタンを崩壊させてもビン・ラディンの行方は知れない。
9・11の屈辱とフラストレーションを解消するにはまだ足りない。
ブッシュは、まだ醒めない「熱狂」の大波に乗って、「テロとの戦い」を踏み越える次の戦争を画策していた。
そのためには、フセインが大量破壊兵器を隠し持っていなければならない。
イラクは罪をでっち上げられようとしていた。
トルコ
シリア
イラン
イラク
エジプト
サウジアラビア

さて、ここで、日本国内で異様な言論を展開した人物がいる。
「日本はアングロサクソンについて行けば百年安泰」と主張する岡崎久彦である。
彼は小泉内閣でも安倍内閣でも安全保障のブレーンの役割を果たしていた。
同時テロ後を聞く
「9・11」から1年
④
「アメリカ帝国」が安定維持
岡崎久彦氏
9月14日——岡崎は産経新聞でこう主張したのだ。
米国がイラクを攻撃すればパレスチナ問題も解決するかもしれない。
なんで？
イランも大きく影響され、中東全体が変わる契機になる。
なんで？
北朝鮮は震え上がり、中国もおとなしくなる。
なんで？
台湾問題も中国側が引っ込む形で解決する可能性がある。
なんで？

成功の可能性は90%。世界史的な「アメリカ帝国」ができようとしている。
なんで? なんで? なんで?
こうして「パックス・アメリカーナ」が実現したら、米国は世界の中で問題を起こす国があると、米市民の命を犠牲にしてもそれを抑え込むだろう。
なんでさんも〜〜〜っ!?
ぞぞっ…
こりゃ本気で書いてるのか?
頭がおかしい。

この人物には
アメリカという国が
恐怖の大王の
イメージで
刷り込まれている。
ところがこの妄想的な感覚を
当時の自称保守派は
共有していたのである。
アメリカに敗戦し、
占領された時代を
知る世代は
アメリカへの恐怖に
支配されていた。
保守論壇の大御所に
影響された若手も
似たようなものだった。
「親米」はもはや
「恐怖」に達していたのだ。
実は当時、アメリカでは
「ネオコン（新保守主義）」という
勢力が台頭していて、
ロバート・ケーガンや
ポール・ウォルフォウィッツという
論客が、ブッシュ政権に
影響を与えていた。
彼らネオコンの思想の中に、
岡崎久彦の妄想によく似た
「中東民主化構想」が
主張されていたのである。
ロバート・ケーガンは
こう言う。
ヨーロッパは
軍事力への関心を
失った。
18世紀の哲学者
イマヌエル・カントの
『永遠平和のために』の
世界に向かっている。

だがアメリカは、歴史が終わらない世界で苦闘している。
17世紀の哲学者、トマス・ホッブスが『リヴァイアサン』で論じた「万人の万人に対する闘争」の世界、国際法など通用しない無秩序な世界こそが実相であり…
アメリカは軍事力を行使して、リヴァイアサン（怪獣）にならねばならない！
なんで？
アメリカがフセイン政権を崩壊させて、イラクを民主化させれば、そこから中東全域に「民主化のドミノ倒し」が起こるだろう！
なんでなの？んも〜〜〜っ
これがネオコンが考えていたバカバカしい妄想である。

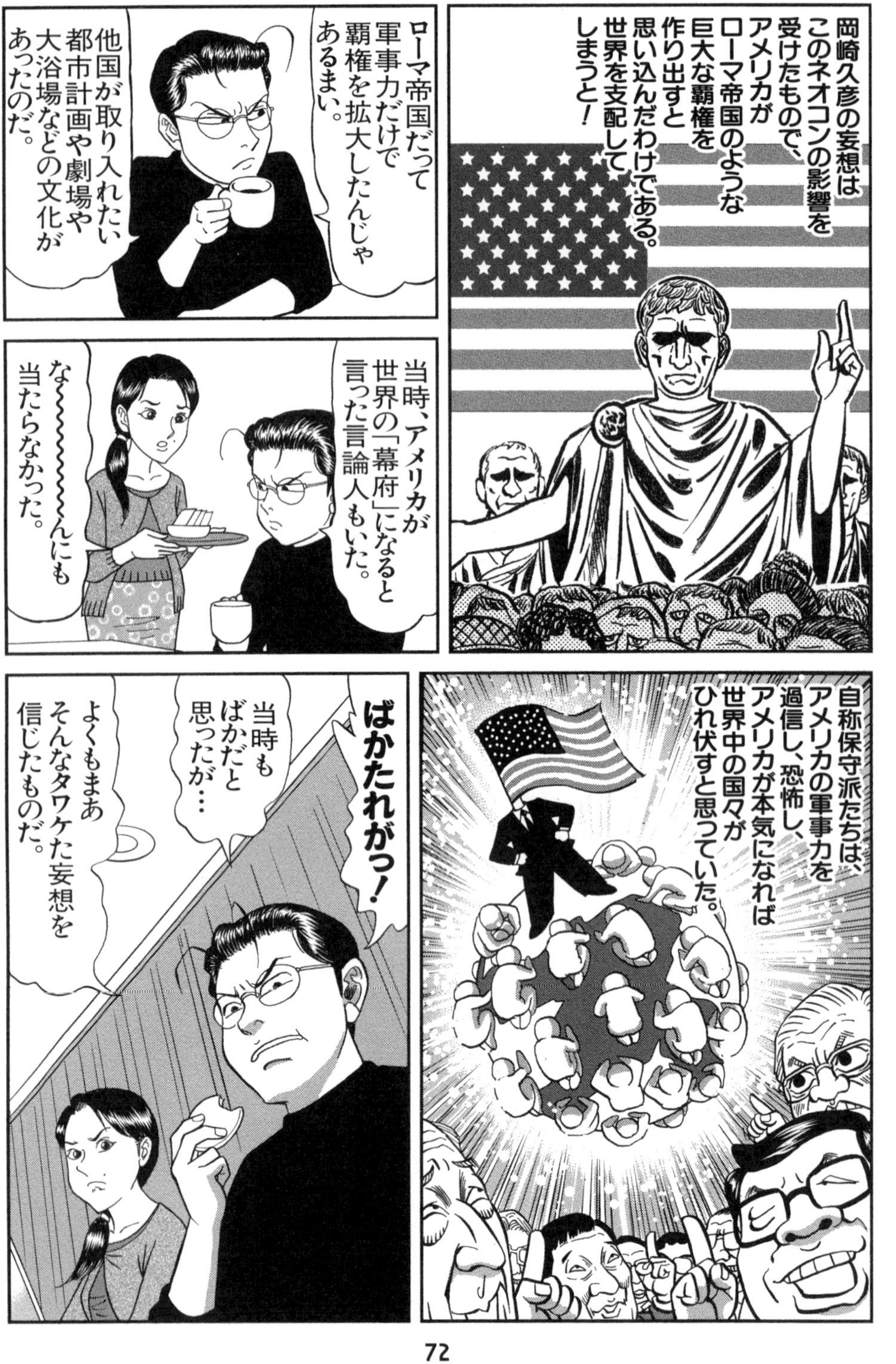
岡崎久彦の妄想はこのネオコンの影響を受けたもので、アメリカがローマ帝国のような巨大な覇権を作り出すと思い込んだわけである。世界を支配してしまうと！
ローマ帝国だって軍事力だけで覇権を拡大したんじゃあるまい。
他国が取り入れたい都市計画や劇場や大浴場などの文化があったのだ。
当時、アメリカが世界の「幕府」になると言った言論人もいた。
な〜〜〜〜〜〜〜〜んにも当たらなかった。
自称保守派たちは、アメリカの軍事力を過信し、恐怖し、アメリカが本気になれば世界中の国々がひれ伏すと思っていた。
ばかたれがっ！
当時もばかだと思ったが…
よくもまあそんなタワケた妄想を信じたものだ。

妄想のために死んだイラク兵も、民衆も、米兵も、英兵も、そしてサマワから帰国して自殺した自衛隊員も、哀れである。
自称保守派は、もろ手を挙げてイラク戦争に賛成したが、
正論
産經新聞
そもそも、こんな軽はずみな連中が「保守」と言えるのだろうか?
ごーまんかましてよかですか?
「保守」なら主体は日本に置くべきであって、
アメリカに感化される「保守」なんかあるはずない!
「親米保守」ではなく「親米左翼」の方が正確なのである!
彼らを「保守」と呼ぶべきではない!

ゴーマニズム宣言
SPECIAL
新戦争論1
第6章
何が何でも
戦争する米国

広井くんって乱暴だけど、ぼくは恐くないよ。
なまいきなポカQめ…
ぶん殴りたいな。
ポカQは大量エロDVDを持ってる!
ぶん殴るべきだ!

エロDVDはあなただって持ってるでしょ?
俺のは絶対一人で見るからいいんだ。
ポカQは人に見せそうだから危ない!
証拠は?
顔見りゃわかる。以前、野村沙知代や浅香光代の写真集持ってたから、熟女エロDVDだ!
個人的趣味じゃん。
エロDVDを持ってる証拠はないよ。
宇都くんに調べてもらえばいいじゃない。
見てくれよ、宇都くん。どこにある?
脱がなくてもよかったのに…
ケツの穴も調べてくれ!
そこはいいよっ!

遊びに行ったとき調べたけどなかったよ。
ケツの穴、調べたか？
そんな所に隠せないよ。
ケツの穴、見てないんじゃ話にならん！
けっ
トッキー、あなたどう思う？
広井くんを支持します。
俺たち、ダチだよな。
光栄です。
ダメよ！証拠が見つかるまでダメ！
じゃあ、俺一人でもやるわ。
ダメ、ダメ！絶対ダメよ！
みんなでぶん殴ろうよ！
えいえい
お
僕、広井くんに百年でもついて行く！

ポカQは絶対、大量エロDVDを持ってる！
隣人が喘《あえ》ぎ声を聞いたって噂もある！
ポカQは24時間以内にこの町から出て行け！
いやなら俺が子分連れてぶん殴りに行くぞ！
支持します。
えいえいおーーっ
戦うしかないな…
アメリカは一旦その気になったら、何が何でも戦争する。理由も目的もでっち上げるし、その強引さは止められない。
ベトナム戦争の原因になった「トンキン湾事件」だって、アメリカの自作自演だった。
そうまでして侵略戦争をやっておいて、泥沼になって敗退したのだ。

2002年
フセインは蛇に
にらまれた
カエルだった。
9月17日──フセイン大統領は、
国連の要求通り、
大量破壊兵器の査察団の
受け入れを表明した。
フセインは素直な
独裁者だった。
9月21日──西尾幹二が
産経新聞で、日本は米国と
協調し、東北アジアから
「テロ国家を一掃」する
国家戦略を打ち立てよと
発言。
正論
米と協調し「金体制」崩壊の戦略持て
朝鮮半島を日米に近寄せる大計画を
評論家 西尾幹二
今は中国に恐怖してるが、
当時、日本にとっての脅威は
北朝鮮だった。
北朝鮮が恐いから
イラク戦争を
支持せよと言う
「親米ポチ」は多かったのだ。
わしはこの頃、
「親米ポチ」一色になった
「新しい歴史教科書をつくる会」
に失望し、西部邁《にしべすすむ》と共に
退会して、イラク戦争批判、
アメリカ批判を続けた。
反米という作法
小林よしのり
アホ腰抜けビョーキの親米保守
小林よしのり
西部邁
9月24日──イギリスの下院
において、ブレア首相は
こう断言した。
イラクは、化学兵器と
生物兵器を保有している。
イラクのミサイルは
45分間で展開できる。

10月――中西輝政は「諸君!」11月号で、
アメリカは対テロのモラルから
「テロ国家北朝鮮」をつぶす
という国としての大きな決断を
している、と断言し、
米国支援は道義的、
法的にも正しいのみならず、
対北朝鮮の点から
「日本の国益にも大きなプラス」と発言。
諸君!
中西輝政も嘘ばっかり言う
言論人である。
湾岸戦争は反対だったくせに、
イラク戦争は支持となり、
「新しい歴史教科書をつくる会」
には、わしが辞めてから
入会している。
要するに「風見鶏」なのだ。
もちろん中西の言ったことは
すべて外れていた。
10月23日――日米外務・防衛当局の
安全保障審議官級会合(ミニSSC)で
ローレス国防次官補代理が
「ブーツ・オン・ザ・グラウンド」発言。
11月8日――国連決議1441
国連安保理の満場一致で採択。
その内容は、
完全無条件の
査察受け入れであって、
イラク側から見れば、
国家の尊厳を踏みにじる、
完全な主権侵害だった。

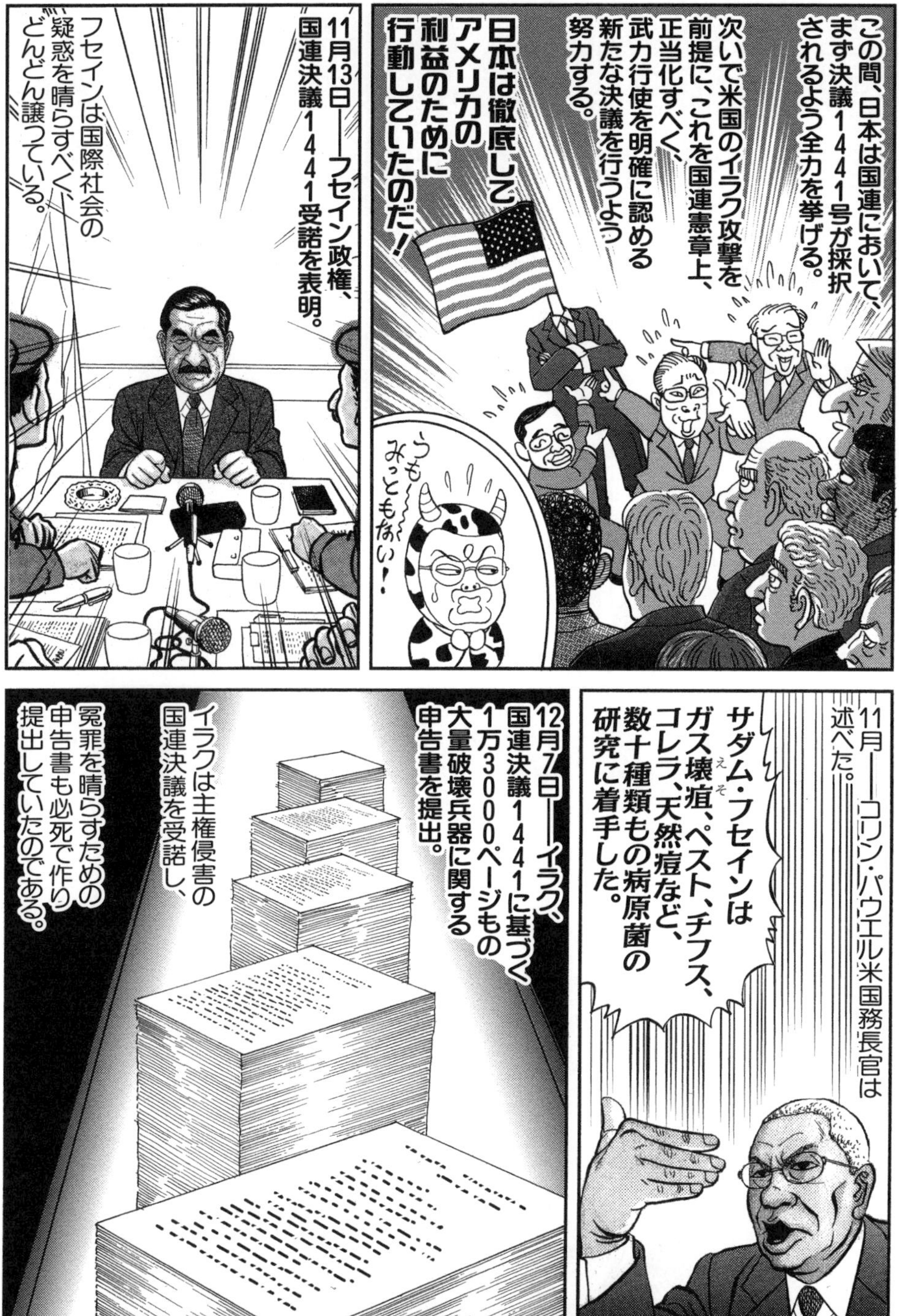

この間、日本は国連において、まず決議1441号が採択されるよう全力を挙げる。
次いで米国のイラク攻撃を前提に、これを国連憲章上、正当化すべく、武力行使を明確に認める新たな決議を行うよう努力する。
日本は徹底してアメリカの利益のために行動していたのだ！
うも〜〜みっともない！
11月13日——フセイン政権、国連決議1441受諾を表明。
フセインは国際社会の疑惑を晴らすべく、どんどん譲っている。
11月——コリン・パウエル米国務長官は述べた。
サダム・フセインはガス壊疽《えそ》、ペスト、チフス、コレラ、天然痘など、数十種類もの病原菌の研究に着手した。
12月7日——イラク、国連決議1441に基づく1万3000ページもの大量破壊兵器に関する申告書を提出。
イラクは主権侵害の国連決議を受諾し、冤罪を晴らすための申告書も必死で作り提出していたのである。

だが今も安倍首相は
大量破壊兵器がないことをフセインが証明しなかったことが悪い。
と言っている。
そんな馬鹿なことは、今ではアメリカもイギリスも言ってないのだが。
「ないことを証明する」のは「悪魔の証明」と言って、不可能性が高いのである。
ある!
ある!
ある!!
ある!!
ある!!
ある!
ないじゃないか〜〜っ!
大量破壊兵器が「ある」と言いがかりをつけた側が、その証拠を出さなければならないのに…
アメリカはその責任を果たさなかった!
2003年
1月9日——国連監視検証査察委員会(UNMOVIC)と国際原子力機関(IAEA)から国連安保理へ中間評価報告。
イラクが国連決議に違反したと疑われるような証拠、痕跡はないという結論だった。
1月25日——ラムズフェルド国防長官
独仏は古いヨーロッパであり、
新しいヨーロッパに属する国々は、米国の側についている!

なんという傲慢な！
イラク戦争に反対するドイツとフランスを「古いヨーロッパ」と堂々となじっている。
オレ様について来ない国は古いぜと言うのだ。
ラムズフェルドは「ネオコン」の机上の空論に完全に感化されていた。
1月27日——査察団最終報告書を発表。
米国の圧力で中間報告書よりも大きく「クロ」に傾いていたが…
やはり、「決定的な証拠は全くない」との内容だった！
1月28日——ブッシュ大統領が演説。
バグダッドがナイジェリアから核兵器に利用できる酸化ウラニウム500トンを買おうとした。
後に、イギリス諜報機関から入手したこの情報も、嘘であったことが判明した。
結論が先にあれば、どんなガセネタでも信じてしまうものだ。
2月5日——イラクが大量破壊兵器を隠し持っていることを示す「新証拠」をパウエルが安保理で提示。
もちろん、そんなものありはしない。

2月6日――91～98年の元国連大量破壊兵器査察団（UNSCOM）団長、スコット・リッターが東大駒場キャンパスで講演。
リッターの査察団に対して、アメリカ政府は、査察を歪《ゆが》ませる様々な介入をしたが、それでも査察団は大量破壊兵器工場の100%、兵器の90～95%を確証できる形で、破壊・破棄したと述べた。
さらにリッターは米政府が査察そのものを否定し、大量破壊兵器の廃棄ではなく、フセイン体制転覆を狙っていること、
パウエル報告には、イラクが大量破壊兵器を開発・保有していることを示す確たる証拠は何一つ含んでいないことを厳しく批判。
なお、このリッターの査察団は大統領府のある宮殿まで調査しているが、この査察団にスパイが入り込んでいて、フセインの居場所を調べてアメリカとイスラエルに報告。

後にその場所がピンポイント爆撃された。
ピンオオオオ
んも～～～っ
ひきょ～～～っ
2月10日――仏独露が査察継続を求める共同宣言。
2月14日――査察団の再報告。
武装解除の進展を積極的に評価し、査察の継続と強化を主張。
2月15日――全世界60カ国400都市1000万人の大規模反戦デモ。
戦争ありきで突き進むアメリカの危険に異議を唱える人々は、国際社会では多かった。
AMERICANS SAY NO TO WAR
NO WAR
NO WAR
DON'T ATTACK IRAQ
3月1日――トルコが国内の米国駐留を拒否する国会決議可決。
3月6日――ブッシュが単独行動を明言。
イラクに対する軍事行動は国連決議に縛られない!

3月7日——査察団再追加報告を提出。
イラク全土での査察が可能で、数カ月査察を継続せよとの内容。
3月10日——アナン事務総長、警告。
安保理の承認がない攻撃は、国際法への侮辱であり国連憲章に合致しない！
国連はアメリカの単独行動を戒めようとしていた。
だが…日本は国連よりもアメリカについて行こうとしていた。
シラク仏大統領、拒否権行使を明言。
フランスは米国の同盟国だったが開戦に反対した。
その後、米英からの批判や罵《ば》倒《とう》は熾烈を極めた。
フランス製品の購入ボイコットも行われた。
「サダム・フセインの友人」とまで言われ、
米有力紙は「米国の敵」とまで書いた。
それでもフランスはイラク戦争には反対を貫いた。

3月15日──安保理で決議案が
反対多数で否決される
見通しとなり
米国は安保理での採決を避け、
独断で開戦に踏み切ることを
決定。
アメリカという国は
国連も国際法も無視して、
「熱」に浮かされ「狂」ったように
侵略戦争に突き進む国
なのだ。
ベトナム戦争も
侵略だった!
イラク戦争も
侵略である!
わしは『ゴー宣』でも、
TV番組でも、
単行本でも、
イラク戦争には
反対を貫いた。
「親米ポチ」という蔑称を
わしは小泉首相や、
親米保守派に浴びせたが…
奇しくもイギリスでは、
ブレア首相に対して、
イラク戦争反対派が
「ブッシュのプードル」と
蔑称していた。
3月17日──ブッシュ大統領が
イラクに対して、
テレビ演説で最後通告。
イラク政権が
最も恐ろしい
兵器を所持し、
隠しているのは
疑いがない!
ブッシュは、
フセイン一族と主要閣僚の
48時間以内の国外退去を命じる。

3月18日——フセイン大統領、徹底抗戦を宣言。
侵略者と戦い敵を撃退する！
「ないものはないです」といくら言っても信じない。
大統領官邸まで査察団を受け入れて協力したのである。
それでも戦争するとブッシュが言うのだから、フセインは徹底抗戦するしかなかろう。
アメリカはこういう国だ。1941年、日本もアメリカと戦争したかったわけではない。
日本政府は甲案・乙案まで出して、必死で和解の道を探った。

だが、アメリカが突きつけてきたのは、「ハル・ノート」という最後通牒だった。
日本が明治維新以降、積み重ねてきた業績をすべて否定する要求だった。
ハル・ノートのようなものを突きつけられたら、モナコやルクセンブルクでさえ戦争に訴えただろう。
…と戦後にパール判事が言ったほどである。
小林よしのり
パール真論
東京裁判で唯一「日本無罪」を主張した判事による「真理の裁き」
日本は仕方なくアメリカと戦ったのだ。
イラクの人々も、アラブの人々も、何で日本がアメリカを支持するのかわからなかっただろう。
イラク戦争は日米戦争に似たところがある。

ごーまんかましてよかですか?
戦争を避けようという気がアメリカにはない。
国力の差が明白だと思ったら容赦しない。
ドオ
何が何でも戦争をする国、それがアメリカなのだ!

ゴーマニズム宣言
SPECIAL
新戦争論1
第7章
戦争と戦闘の違いを知っているか?

この章では、「戦争」と「戦闘」が違うということを説明しておきたい。
韓国と北朝鮮は「戦闘」状態ではないが、決して「戦争」は終わってない。
北朝鮮
ピョンヤン
ソウル
大韓民国
もし日本が中国に侵略され自衛隊が「戦闘」を止めても
国民が中国の支配を受け入れる気がなければ、
武器を調達してゲリラ戦を展開すればいい。

かつて日本軍は支那で
首都・南京を陥落させ、
戦争の勝利は間近かと
国民は期待して、
提灯《ちょうちん》行列で祝った。
だが国民党は、一旦、
「戦闘」を放棄しただけで、
「戦争」を止める気など
さらさらなかった。
国民党は首都を捨てて
重慶まで逃げて、
「戦闘」を続行する
戦術を採ったので、
「戦争」は長期化したのだ。
南京
重慶
国民があきらめなければ、
泥沼の「戦闘」に
引きずり込むことができる。
当時の支那は、
国民党と対立する
共産党の軍もいて、
内戦状態でもあったから、
そこに日本が割り込んで
異人種として苦しめられる
という状況は、
イラク戦争に似ている。
イラクでも、スンニ派、シーア派、
クルド人が対立しているから、
フセイン政権が潰《つぶ》れたら
内戦状態になる。
わしはその危険を
指摘していたのだが、
日本の「恐米ポチ」どもは
聞く耳持たなかった。

国軍を持った国家を代表する政権が成立しなければ、「講和条約」を結べないから、「戦争」を終結できない。
「戦闘」終結宣言は出せても「戦争」終結宣言は出せない。
支那における日本軍にしても、イラクにおける米軍にしても、泥沼の内戦状態になると戦い方としてはつらい。
兵隊と民間人の区別がつかないゲリラ戦に巻き込まれていくからだ。
イラクでは女・子供までが「自爆テロ」をやらかすから、民間人を恐れなければならなくなる。
これは国際法違反の民間人殺傷につながる。
支那でも「便衣兵」という民間人を装う兵が、日本軍相手にゲリラ戦を仕掛けたわけで、恐怖で誤って民間人を殺傷した例もあっただろう。

ベトナム戦争では、
米兵による「ソンミ村」の
民間人虐殺があった。
韓国軍もアメリカとの
同盟関係に従って、
ベトナム戦争に参加したが、
民間人をかなりたくさん
虐殺している。
他国に攻め入って、
近代兵器で圧倒したから
といって、「戦争」は終わる
ものではない。
侵略者が一旦、
「戦闘終結」を宣言しても、
本当の戦闘も戦争も、
実はそこから始まる
というのは歴史の教訓だ。
将来、日本が他国を
侵略するにせよ、
あるいは侵略されるにせよ、
イラク戦争には教訓になる
多くのヒントが詰まっている。
十分研究しておくのが
真の「保守」であるが、
「恐米ポチ」はもうとっくに
忘れてしまっている。

日本が外国軍に侵略され、
政権が倒されても、
国民による武装闘争を
始めるという覚悟まで
考えておくのが、
真の「愛国者」だろう。
国民があきらめなければいい。
ゲリラ戦に引きずり込んでしまえばいいのだ！
2003年3月19日——イラク戦争開始！
米国軍による空襲、「イラクの自由作戦」だ。
いよいよ妄想に取り憑《つ》かれたアメリカの侵略戦争が始まった。
米国の武力行使開始を理解し、支持いたします。
小泉首相は即座に表明した。

3月20日——クウェート領内から、地上部隊がイラク領内へ侵攻を開始。地上戦が始まる。
4月7日——アメリカ軍は、バグダッドの宮殿の一つを占拠と発表。
4月11日——アメリカ政府はフセイン政権が事実上、崩壊したと発表。

産経新聞編集特別委員、古森義久は産経新聞紙上にて、米国主導によるイラクの新たな国づくりなどにより、「世界の秩序を根本から変えかねない新しい歴史の幕を開けた」
「この作戦の目覚ましい成果は軍事面で見る限り、歴史的な大成功」と論評。
世界の秩序変革へ
新しい歴史の幕開け
もおおお〜〜〜
こいつもネオコンの妄想を信じてるモ。
5月1日——ブッシュ大統領が「大規模戦闘終結宣言」。
アメリカ兵の死者は138人。
イラク人死者数・不明。
これは「戦争」の終結ではない。
「戦闘」の終結である。
5月——中西輝政は「諸君！」6月号で、小林よしのりは「戦争は長期化するとの間違った予測」に引っかかったと非難。
諸君！
んもおおおお！
なんで？
なんでなんで？
なんでそんなに浅いの？
好戦的なくせになんで「戦争」についてこんなに無知なの？
んも〜〜〜お・・・・

中西輝政は「戦闘」と「戦争」は違うということすらわかってない。
歴史を知らないからだ。
日本が米国に敗戦しても、占領が終わる1952年までは「戦争状態」と見なされることを知らないのだろうか？
靖国神社では、東条英機ら「いわゆるA級戦犯」は、占領中（戦争中）に占領軍の裁判によって殺されたのだから、戦死者同様に祀《まつ》っている。
戦闘行為は、国をぶっ壊せば終わる場合もある。日本のように。
だが、主権を持つ新たな国家を作らなければ戦争は終わらない。
講和条約が結べないからだ。
占領中に、抵抗する武力闘争が起これば、「戦闘」も再開されるのだ。
スクラップ&ビルディングのうち、ビルディングが失敗すれば、内戦状態になってしまう。

まさにイラクは
その後、反米勢力による
自爆テロが相次いで
米兵の死者数は
増え続けた。
ドオーン
中西輝政の無知ゆえの
勝利宣言に反して、
戦争はまさに長期化
し始めたのである！
スンニ派が排除されて、
シーア派が復権する。
そしてクルド人は
北方に自治を強め、
イラクは分裂状態になつた。
イスラム原理主義を封じ、
テロリストを国に入れなかつた
フセイン政権が
崩壊したために、
アルカイダの勢力も
イラクに侵入して、
無法地帯になつてしまつた。

同じ「諸君！」6月号で、福田和也は、
「私たちに今できることは、
恐怖と暴力の余韻、
あるいは予感のなかで、
立ちすくんでいることしかない」
「怯《おび》え続けることしかできない」
「属領の臣民たるわれわれは、
帝国から敵視されていないという
さしあたっての幸運をことほぎ、
その幸運が長続きするように
祈ることしかできない」
……と論評した。
ぶふっ！
んも〜〜〜
何なの、この
怯え方？
怯えすぎだ
モ〜〜〜〜〜ッ！
結局、みんな「コレだモ。
保守とか愛国とか
言ってる連中って
アメリカに怯える人たち。
ぜーーーんぶ
「恐米ポチ」だモ！
6月——アーミテージが
「ブーツ・オン・ザ・グラウンド」発言。
占領を手伝えと
日本を誘っている。
6月——「諸君！」7月号で、
ネットの書き込みを基にした
わしへの批判記事を掲載。
「イラク戦争を境に
そのご威光の失墜が
最も著しい一人が
小林よしのり」
「ゴーマニズムはもはや
『青春の思い出』に」
と誹謗《ひぼう》中傷。
のちに「正論」も
同様のネット引用記事を
掲載した。
諸君！
正論

ネット右翼は、この時誕生していた。
以降、今に至るまで、ネトウヨは、わしに対してアンチになっている。
イラク戦争における自分たちの言説を検証しない卑怯さは、ネトウヨも、産経論壇の「恐米ポチ」も同じである。
正論
6
WiLL
12月13日——イラク中部ダウルでフセイン大統領を拘束。
小泉純一郎首相をはじめ、産経新聞社説、中西輝政、石井英夫、田久保忠衛、森本敏など、開戦前に、「戦争目的は大量破壊兵器の廃棄」と言っていた者が全員、「戦争目的はイラクの民主化」とすりかえる。
「戦争に正義も大義もない」と居直る者まで出る。
ようするに「恐米ポチ」はこう言っている。
戦争は理由なんかなくてもする！
アメリカ様がしたい時になさるだけだ！
アメリカ様なら侵略戦争も許される！
日本はそれでもついて行くだけ！

2004年
2月――日本の陸上自衛隊本隊がイラクのサマワに派遣。
自衛隊は「復興支援」の名目で、「非戦闘地域」(?)に行くというごまかしで派遣されたが、
オランダ軍に守られる屈辱を味わったようだ。
だが、幸いイラク人からは、「日本は米英とは違う。イラク人には武器を向けることもなく、復興の手助けをしてくれた」と感謝された。
「集団的自衛権」で行ってないからこそその評価かもしれない。
4月8日――イラク、日本人人質事件が発生。
政治家も自称保守派も「自己責任」と言い出した。
国に迷惑かけるなと言いたいのか？
日本人・同胞である以上、見捨てろとか、殺されろとか、言ってはならないと思う。
4月28日――アブグレイブ刑務所において、米兵のイラク人に対する虐待が行われていた事件の第一報がCBSで報道される。

米兵が中東の価値観をまったく理解せずに、占領している実態が暴かれた。
アラブ人の反米感情は高まる一方だった。
6月2日――イラク暫定政権発足。
8月上旬――多国籍軍と、ムクタダ・サドル率いるシーア派民兵団「マフディ軍」の間で、大規模な戦闘が勃発。
9月13日――パウエル米国務長官、イラクの大量破壊兵器についてこう表明した。
いかなる備蓄も見つかっておらず、
この先も発見されることはないだろう。
9月28日――ブレア英首相、大量破壊兵器情報が誤っていたことを認め、謝罪。

10月6日——イラク調査団の団長チャールズ・デュエルファーは、開戦時イラクに大量破壊兵器は存在しなかったとする最終報告を提出。
続々、自らの誤りを認める米英の様子が伝えられたが、日本の政治家・自称保守派の言論人は、だんまりを決め込んだ。
何のための戦争だったか？
何のために人を殺したか？
それを考える気は全然ないようだった。
11月8日——夜明け作戦。米軍とイラク政府軍の連合部隊が、ファルージャへ再侵攻し、数日をかけて制圧した。
11月16日——モースルの武装勢力掃討のため侵攻。
12月1日——治安悪化と選挙に備え、米軍を1万2000人増派。
13万8000人から15万人体制となる。

12月29日——米軍が選挙対策のため、
バグダッド南部とバビロン州北部で、
武装勢力の殺害と拘束を
目的とした約1カ月の
大規模作戦を開始。
中西輝政ら「恐米派」が
誇らしげに言っていた
「イラク戦争の短期終結」は、
完全に幻だった。
もう一度言う。
「戦闘」と「戦争」は
違うのだ。
国軍がなくなっても
ゲリラ戦は続けられる。
戦闘員と民間人の
区別がつかないから、
ゲリラ戦が最も
恐ろしい戦争である。

米軍がイラクの占領政策に対して楽観的だったのは、日本の占領政策がうまくいきすぎたからだ。
日本軍の一部には「本土決戦」を訴えたり、
宮城を占拠して天皇陛下の終戦の詔勅《しょうちょく》を阻止しようとした軍人もいる。
戦争を止めたくない日本人はいたのだ。
アメリカは天皇がいる国と、他の国の違いがわかってない。
日本軍が銃を置いて戦闘を止めたのは、天皇陛下が終戦の詔勅を渙発《かんぱつ》されたからである。
天皇のような存在がいない他の国では、こうはいかない。
フォオオオオ

だが将来、もし日本が中国に占領された場合は、チベットやウイグルのように、徹底的な武力弾圧と拷問による民族浄化が進められるから、日本人は従順になってはいけない。
天皇陛下には、ダライ・ラマのように他国に亡命して、国際社会に日本の主権回復を訴えていただきたい。
日本国民は、普段は民間人として生活しながら、秘《ひそ》かに抵抗戦線を組織し、全国各地でテロを起こしてゲリラ活動を継続しなければならない。
もちろん、地上戦闘における自爆神風特攻も復活させる必要がある。
ガガガガガガ

ごーまんかましてよかですか？
わしが抵抗戦線の指揮をとってもいい！
ウオオォオオオォ
あるいは手本として、神風特攻の第1号になってもいい！
ドダダ
戦争を終わらせない、戦闘を続行する覚悟がなければ、国家を守ることはできないのだ！

ゴーマニズム宣言
SPECIAL
新戦争論1

第8章
アメリカの戦争映画は面白い

1964年、わしが小学6年生のとき、ベトナム戦争が始まり、父がこう言った。
よしのり、これは侵略戦争やぞ。
侵略？
なんでそんなことすると？
わしは夏休みの自由研究で、「ベトナム戦争」を選び、毎日、新聞の切りぬきをノートに貼って、その感想を書いた。
北爆はおそろしい。
日本もB29で空爆されたが、多くの人たちが殺された。
アメリカは凶暴な国だ。

その「ベトナム戦争の研究」が学校の自由研究のコンクールで佳作になり、展示されてしまった。
他の子供は、りっぱな昆虫採集とか、絵日記とか、工作とか、無邪気なものばかりだったのに…
「ベトナム戦争」は重かったかもしれない。
誰も見てなかった。無視だった。
それを母親が見て真っ青になって…
あら、これよしのりちゃんやないね!
い…いやだこれ…
小林善範
なぜか叱られてしまった。
アカハタの記事ばっかり貼り付けて恥ずかしいっ!
あなたがあんな新聞とるからよっ!
母は共産主義が嫌いで、アカハタは恥ずかしい新聞だと思っていた。
間違ってないっちゃろ?
間違ってなか!

それから7年後、
1971年6月
「ニューヨーク・タイムズ」が
「ペンタゴン・ペーパーズ」を
入手。
ベトナム戦争の
きっかけとなった
「トンキン湾事件」は
アメリカが侵略戦争の
口実をでっち上げるための
陰謀だったと判明した！
The New York Times.
1964年8月、
北ベトナム沖のトンキン湾で、
北ベトナム軍の哨戒艇が
アメリカ海軍の駆逐艦に
2発の魚雷を発射したと
いう事件が捏造され…
アメリカはこれを口実に
北爆を開始したのだ。
ドドオオオ
ベトナム戦争は、
北ベトナムを支持する
ソ連・中国の
社会主義陣営と、
南ベトナムを支持する
アメリカ・韓国の
資本主義陣営の
代理戦争であり、
アメリカは
社会主義の
拡大を怖《おそ》れて、
北ベトナムを攻撃した。

朝鮮戦争で、北を中国が支援し、南をアメリカが支援したのも同じ構図だ。
その頃の世界は、「社会主義vs資本主義」というイデオロギーで対立していて、いつ核戦争になるかもしれないという冷たい戦争が続いていた。「東西冷戦」と呼ばれる。
実際に、ソ連とアメリカは、核戦争の間際まで行ったこともある。
そうなれば第三次世界大戦になって、人類のほとんどが滅亡していたかもしれない。
キューバ
フルシチョフ
ケネディ
アメリカの「大義なき」侵略戦争であるベトナム戦争では、北ベトナム兵（ベトコン）がジャングルの地の利を活かしたゲリラ戦を展開した。
ベトコンは地下にトンネルを掘って神出鬼没、あらゆるワナを仕掛けて、米兵の神経と体力を消耗させる戦いを行った。

アメリカは枯葉剤を
空中から撒《ま》いて、
森林を破壊し、
地上を丸裸にして、
ベトコンを殺戮《さつりく》しよう
とした。

枯葉剤には猛毒の
ダイオキシンが含まれ、
奇形児や障害児が
生まれた。

ソンミ村では、米軍による
民間人の虐殺も行われた。
この事件は
「ゲリラ部隊との戦い」
という虚偽の報告が
されていたが……
ジャーナリストらの
働きによって、
米軍による
老人・妊婦・乳幼児・子供など
無抵抗な村民を
無差別に殺戮する
大虐殺だったことが判明した。

ベトナム戦争では
米軍だけでなく、
それを上回る
残虐行為を
韓国軍が行っていた。
タイヴィン村で
村民1200人を虐殺し、
ビンアン村のゴザイ集落の
住民380人を
一カ所に集めて、
1時間で全員虐殺した。
また、クアンナム省の
ハミ村でも、
女・老人・子供
135人を集め、
一斉射撃をし、
手榴弾を投げつけて
虐殺。
ドォォォォ
韓国軍の虐殺が目に余るため、
米軍では韓国軍を後方部隊か、
誰を殺してもいい地域に
配置転換する検討も行われた。
ベトナム戦争における、
韓国軍による虐殺・
拷問・強姦は3万人を
超す犠牲があったとも
言われる。

韓国軍による
ベトナム人女性への
強姦によって
生まれた子は
「ライダイハン」と
呼ばれ、
3万人以上いると
言われている。
ベトナムを攻撃する米軍は、
沖縄の米軍基地から
発進していたわけで、
間接的に日本は協力していた
ということも認識して
おかねばならない。
米軍は、近代的な破壊兵器で
民間人を虐殺し、
韓国軍は人間の狂気で
民間人を虐殺し、
そこまでやっても
この戦争には
勝てなかった。
やがて世界各国で
大規模な
反戦運動が
起こって…
経済負担が
膨張し…
PEACE
PEACE
1973年のパリで
ベトナム和平協定が
調印され、
ニクソン大統領は
米軍を撤退させた。
アメリカは
負けたのだ！

その後も
北ベトナムと
南ベトナムの戦闘は続き…
1975年4月、
北による南ベトナムの
サイゴン陥落によって
この戦争は終結した。
翌年、
南北ベトナムは
統一した。
戦争となるとナショナリズムが
一気に盛り上がるが、
戦争中に反戦運動が
盛り上がるのもアメリカだ。
戦争が終われば、
マスコミも事実を検証し、
反省ムードも高まる。
END THE WAR IN VIETNAM NOW
日本人のように
「お上に依存する」体質
ではないから、
「権力を警戒する」面も
アメリカ人は持っている。
敗戦後のアメリカの
戦争映画は傑作が
続出する。
演劇でも『ヘアー』
『ミス・サイゴン』などの
名作が生まれる。

『ディア・ハンター』のロシアン・ルーレットのシーンは、恐ろしかった。
戦場で、もはや狂ってしまったニックを正気に戻すために、あえてルーレットの勝負に挑むマイケル…あの緊迫感はすさまじかった。
『地獄の黙示録』は、わしの最高評価の映画である。
これはもう戦場のリアリズムを革命的に再現していて、有名な「ワルキューレの騎行」が流れるシーンでは、はからずも血がたぎってしまった。
ウィラード大尉がジャングルの奥地に王国を築いてしまったカーツ大佐と出会うシーンでは、戦争の狂気と不条理に感動して深く唸《うな》るしかなかった。
ベトナム戦争がなければこんな名作は生まれなかったのだ。
戦争に感謝していいのだろうか？
とりあえずコッポラには感謝しているのだが…
日本の戦争映画はお涙ちょうだいのロマンチックな作品ばかりで、もう飽き飽きした。
戦争映画なら、やっぱりアメリカがつくる作品だ。
アメリカは戦争に負けた方が面白いサブカルチャーが生まれる。
だがそれは戦争に負けても占領されない国の特権なのだが…

アフガン・イラク戦争を
題材にした映画では、
『ハート・ロッカー』
『ゼロ・ダーク・サーティ』
『ローン・サバイバー』などがある。
だが実話的な戦場の
リアリティーを見せる映画よりも
フィクションに戦争の影を落とす
『ダークナイト』(バットマン)や
『アバター』の方が面白かつた。
クリストファー・ノーランの
『ダークナイト』は、
もう3回見たが、
何度見てもしびれる。
対テロ戦争の不条理に
怯えるアメリカ人の心理を
バットマンに託している。
ジョーカーの方が
悪魔的に魅力があつて
活き活きしているのが、
まさにテロリストの
「生きがいのための戦闘」を
表していて快感だつた。
あのジョーカーに対する
恐怖と快感は、
まさにわしが9・11で
快哉を叫んでしまった
気持ちと通じている。

人間の心理というものは、
複雑なものだ。
神風特攻も知っている
日本人と、
本土を攻撃されたこと
のないアメリカ人では、
9・11テロの感じ方も
違うはずなのに、
全面的に米国に同情する
自称保守の者たちは、
日本人ではなくなっているし、
決してアメリカ人のことも
わかっちゃおるまい。
文化に関心を持たない
親米ポチの者たちは、
アメリカの戦争映画など
見ていないのだ。
敗戦後のアメリカ人は、
結構、自虐的で、
自分たちが病んでいる
ことを、映画作品にして
楽しんでいる。
『アバター』は、自らの
資源と金銭の欲にまみれた
文明批判をしてみせるのだが、
異人種の文明に対する
オリエンタリズムを背景に、
白人が救世主になる
あつかましいロマンを描いている。

果たしてアメリカ人に
そこまでの異文明に
対する理解があるのか
どうかも怪しいのだが、
彼らは優越感だけは
まだ捨ててないようだ。
アメリカ人は戦争に
負けた方が
面白い文化をつくる。
アメリカ人の心理状態を
サブカルチャーを通して
観察するのは面白い。
ごーまんかまして
よかですか?
親米・親米と言ってる
「恐米」ポチたちは、
アメリカ人には全然
関心がないようだがな!

ゴーマニズム宣言
SPECIAL
新戦争論1
第9章
国連人権委員会の
不作為の罪

なぞなぞを出そう。
侵略して、失敗して、退却する。
これ、な——んだ？
アメリカ！
な…なんでわかるの？
簡単すぎるっ！
人類の常識じゃい!!

では第2問。
これは難しいぞ。
国際法は無視。
戦争犯罪はやりたい放題。
己の暴力には一切責任を取らないのに誰にも追及されない特権大国。
これ、どーーこだ？
アメリカ！
ぜ…全員わかるの？
当たり前じゃ！
全然なぞなぞじゃないっ！
ホモ・サピエンスの常識じゃやい!!
アメリカは他国に冤罪を着せてでも、強引に戦争をしかけておいて、その責任を一切取らない。
諸外国もそれを非難しないし、国連でアメリカの責任を追及しないのである。

弱小国ならこんなデタラメなことをしたら、国連決議で制裁を与えられてもおかしくない。
ドドーン
アメリカも国連の「集団的安全保障」による多国籍軍から攻撃され、
ブッシュ、チェイニー、ラムズフェルド、ネオコンの連中は、死刑に処せられるのが本来、道理なのだ。
アメリカは、ただ暴力が強いから、好き勝手やれるだけ！
こんなことを見逃しているから、中国も…
オレも暴力で好き勝手にしたい！
太平洋をアメリカと二分しようぜ！
…などと言い出すのだ。
アメリカの戦争は常に動機が怪しい。
日米戦争だってそうなのだ。
日本はアメリカとの戦争を必死で避けようとしていたのに、日本が開戦せざるを得ないように徹底的に追い込んできた。
甲案
乙案
Hull Note

日米戦の原因を探っていくと、米国のハル・ノートが決定的で、
その前に米国の日本への石油禁輸があり、
その前に支那事変での国民党への武器支援や、
フライングタイガースによる秘密裏の参戦があり、
その前に排日移民法があり、
その前に日露戦争以降の黄禍論があり、
その前に砲艦外交と不平等条約があり、
ドオォー
結局、日米戦争は幕末以降の100年戦争だったのだ。
わしの精神には、日本人の祖父たちの歴史が貫かれているから、イラク戦争は最大限にいかがわしいと、すぐ見破った。
だが自称保守派は見抜けなかった。
イラク戦争でアメリカが敗北に向かう最後の段階を見てみよう。

2005年
イラクでは年明けから
反選挙テロが相次いで、
市民の死傷者が多数出る。
ドオオオン
治安状況は2005年から
2007年頃が極めて悪く、
大勢のイラク人が国外避難していた。
3月3日——米兵の死者が
1502人となる。
米国では
軍入隊志願者が急減し、
定員確保が課題となる。
3月16日——選出議員による
初の国民議会が開催。
3月31日——アメリカの
独立調査委員会が
最終報告書を発表。
ボーン
開戦前のCIAあるいは
英情報機関の判断は
ほとんどすべて
完全な誤りだったと結論!

米英では「独立調査委」まで作ってイラク戦争を検証するが、日本では何もやらない。
むしろ、この時の外交交渉の経過文書を日本政府は隠しているくらいだ。
4月28日――移行政府が発足。大統領はクルド人のジャラル・タラバニ。暫定政権解消。
5月――イラク全土で武装勢力のテロ攻撃。移行政府に反発するものと思われる。死者合計数百人。
ドォーン
ドド
ドド
ゴオオ
9月9日――パウエル国務長官、開戦前の大量破壊兵器に関する発言を「人生の汚点」と発言。
10月6日――米軍の兵力を13万6000人から15万2000人に増強すると発表。

12月14日――ブッシュ米大統領が
イラク開戦理由の一つである
大量破壊兵器の情報に
誤りがあったことを認める。
(大量破壊兵器などの)情報の多くは結果的に間違っていました。
戦争を始めたブッシュですら認めたことを、小泉首相も安倍首相も、現在まで明確に認めていない。
政治家にこんな無責任が許されるのか?
大量破壊兵器がないことをフセインが証明しなかったことが悪い。
12月22日――ブレア英首相が
翌年前半の英軍撤収を
検討している旨を
首相として初めて発表。
年末までに開戦からの
米軍の死者が
2200人に到達した。

2006年
1月31日――開戦からの英軍の死者が100人に到達。
2月22日――シーア派聖地サーマッラーのアスカリ廟《びょう》で爆発テロ。
ドオオーン
シーア・スンニ両派が衝突し、戦闘終結宣言後、最大の200人以上が死亡。
3月19日――アッラーウィー前首相（暫定政府）が現状を「内戦状態」だと断言。
3月31日――ライス国務長官がこう表明した。
我々は戦術的に多くの誤りをおかした。
4月8日――エジプトのムバーラク大統領が「内戦はほぼ始まっている」と発言。
イランがシーア派に影響力を持つことにも懸念を表明。
4月22日――統一イラク同盟（UIA）が首相にヌーリー・マリキを擁立。
スンニ派とクルド人も容認し、連邦議会が再開。
5月20日――正式政府が発足。

7月17日――陸上自衛隊、撤退完了。
航空自衛隊は残ったが、実は毎日のように武装した米兵や爆弾を輸送していたのである。
ゴォ
オォ
もちろんこれは明白な憲法違反である。
12月30日――バグダッドで、フセイン元大統領の死刑執行。
年末までに開戦以降の米軍の戦死者が3000人に達する。

わしは敗戦国の指導者が死刑になるという悪習に、強い違和感を持っている。
一応、イラク人による裁判と処刑という体裁はとっているが、アメリカの意向であることは間違いない。
イラク人と言っても、スンニ派・シーア派・クルド人は利害が対立する。
スンニ派の意向は除外されるから部族対立を利用してアメリカが死刑にさせたのである。
敗戦国の指導者が死刑になるという悪習は、どうしても東京裁判とその結果、処刑された面々を思い浮かべる。
敗戦国である日本が「悪」とされ、戦勝国であるアメリカが「正義」とされたが、それはまるでリンチ殺人のようなものだ。
戦争の勝者にも「悪」があり、敗者にも「正義」がある!

『戦争論』で、わしはそれを描いたのであり、自称保守派は喜んでいたくせに、イラク戦争でフセインが処刑されたら喜んでいる。
独裁者ではないが、東条英機といくらか重ねてイメージすることがあってもいいはずだが。
戦争論
小林よしのり

結局、日本の自称保守派も、アメリカの正義を信じている**「恐米自虐史観の左翼」**に過ぎないということだ。
「恐米自虐史観」、アメリカを恐れてアメリカを正義とする自虐史観で物事を見てしまうこと。それは左翼である。

2007年
1月10日――ブッシュ大統領は2万1500人のイラクへの増派を決定。
2月14日――マリキ首相は計9万人を投入し、アメリカ軍と共に「法の執行作戦」を開始。
3月16日――4400人の増派を米国防総省は発表。

2008年
米紙ロサンゼルス・タイムズ記者・
ボブ・ドローギンが著した
『カーブボール』が、
「大量破壊兵器」情報は
たった一人のイラク人、
コードネーム
「カーブボール」に
全面的に頼り、
裏もとってなかった
ことを暴露した！
'The biggest fiasco in the history of secret intelligence' FREDERICK FORSYTH
BOB DROGIN
CURVEBALL
One problem ... He was lying
3月24日——開戦以降の
イラク駐留米軍の戦死者が
4000人に達した。
2009年
1月——イラク駐留米軍の
地位協定発効。
2月——オバマ大統領、
戦闘部隊の撤退計画発表。
「撤退」という言葉では
あまり屈辱的な
印象はないが、
実際は「お手上げ」だから
逃げたい、
つまり「退却」と言った方が
正確だろう。
戦闘後の「占領政策」に
失敗して、嫌になったから
放り出して逃げる、
これは「敗北」である。
イラク戦争は
「敗戦」したのだ。

6月——米軍戦闘部隊が
都市部から退却！
7月——英軍が退却！
死者数179。
2010年
3月——連邦議会選挙
挙国一致内閣組織。
8月——最後の戦闘旅団が退却！
オバマ大統領、
戦闘任務終結を
宣言。
ここでも「戦闘」を
使っており、まだ
「戦争」は終わっていない。
2011年
2月——亡命イラク人、
コードネーム「カーブボール」
本人が英紙ガーディアンで
真相を証言。
ector who triggered wa
aq admits: 'I lied about W
cal engineer tells Guardian he fabricated key 'eyewit
e chief returns OBE in protest over c
まるで慰安婦問題における
吉田清治のようなペテン師の
情報を、ブレアもブッシュも
信じていたのである。

12月——治安維持・部隊育成が目的の駐留部隊も退却。
米軍退却・完了！
米軍の死者数、4486人。
結局、一国を破壊して再建することなく、アメリカは逃げ帰った。
だがこれでイラクが平和になったわけでも、復興したわけでもない。
イラク戦争は国連安保理の許可を得ない武力行使であり、国連憲章違反であった。
「大量破壊兵器」は存在しなかった。
WHOはイラクで2003年3月から2006年6月までに15万1000人が死亡したと推定。
アメリカのジョンズ・ホプキンス大学ブルームバーグ公共衛生大学院の研究では約65万5000人のイラク人が死亡したと推定している。

米国ではこのイラク戦争に関する「公的な謝罪」はしていない。
白リン弾や劣化ウラン弾の使用や、アブグレイブ刑務所での拷問など、戦争犯罪に対する謝罪も必要だろう。
国連人権委員会は一体何をしているのだろう？
日韓基本条約で解決済みの「過去の慰安婦問題」ではあんなに熱心に日本を糾弾し、謝罪と補償を求めたくせに…
「現代のイラク戦争」というとてつもない犯罪には、目をつぶったままというのは、あまりにも卑怯ではないか！

日本の過去は責めるが、アメリカの現在の罪には無関心！
こんなことで国際社会の人権意識が向上するはずもなく、
EYAH!
国際法感覚も向上するはずがない。
アメリカ人は「中東民主化」という「積極的平和主義」で、イラク戦争を起こしたが、
結果は「積極的破壊主義」でしかなかった！
ごーまんかましてよかですか？
日本人は日本政府を追及し、
国連はアメリカを追及するのが
世界平和のための真の正義である！

ゴーマニズム宣言
SPECIAL
新戦争論1
第10章
民主主義は
万能ではない

毎日、家にこもって
ず〰〰っとコンテを
描いていると…
無精髭《ぶしょうひげ》が伸びる。
外出するときしか
ヒゲは剃らないので
モサモサになってくる。
もう白い
ものも
混じって
きたなあ。
このまま
伸ばせば
ビンラディン
みたいになる。

わしはメガネをはずすと
かなりの迫力だから、
ヒゲまで伸びてたら
完全にテロリストの
顔になる。
世間をだますには
メガネかけて
ヒゲは剃った方がいい。
そもそもヒゲが伸びると
顔の皮膚呼吸が
しにくく感じるので、
剃ってしまう。
多分、一生ヒゲは
伸ばさないだろう。
ヒゲが伸びると
自然と所作が
荒々しくなって、
堂々としてくる。
おいどんは
メシ食らったら
すぐ仕事じゃけん
茶〜持って来い！
は…
はい。
まさかヒゲが
伸びてるのに
優しい言葉では
しゃべれないだろ？
アタイ
ごはん食べたら
すぐ仕事
しちゃうから♡
き…
きも…
でね…
悪いけど
お茶を
いただき
たいの♡

ごちそうさまでしたあ。
とってもおいしかったよ。
いつもありがとうね。
とっても感謝してるんだ。
あはっ言っちゃった♡
わざとだろ〜〜〜〜
がっ！
ヒゲはやっぱり男の権威を誇示するシンボルなのだ。
中東ではヒゲのない男はバカにされるようだ。
ヒゲがないとホモと間違われるという話もある。
ヒゲは伸ばすが下の毛は剃る部族もあるらしい。
シラミがわくのを防ぐためのようだ。
ジョリッ
ジョリジョリ〜ッ

やはり男尊女卑の
社会だから、
男であること、
自分が強いことを
強調せねばならない
のだろう。
イラクは、中東の他の国々
よりも近代的とはいえ、
各部族・宗派は相当な
男権社会だから、
フセインみたいな独裁者で
なければ治められない。
そもそも第一次大戦以降に、
ヨーロッパの列強が
勝手に国境線を引いて、
中東の様々な部族たちに
共生を強《し》いたのである。
その条件下で
国家をつくるには
強力なカリスマ性と
権力が要る。
フセインはイラク近代化の
父と言われ、道路、電力、
病院、教育、文化の
インフラを進めた。
イラクは中東の中では
知識人層が最も厚く、
女性の社会進出にも熱心で、
政権に女性大臣が
いたほどである。
イスラム教も
原理主義は認めず、
アルカイダなども
入国させなかった。

そんなフセイン政権を潰したら、そりゃあ部族間・宗派間の争いが噴出してきて、内戦になるのはわかりきったことだった。
中東全体の混乱に拍車をかけたのである。
結局、ブッシュ政権には「知性」がなかったのだ！
そして小泉政権にも、自称保守派にも、「知性」がなかった！
イラク戦争は終結することなく、内戦状態に突入した。
ドォ
パ
タタタタ
中東は「民主化ドミノ倒し」どころか、「混沌《こんとん》化ドミノ倒し」の様相になっている。

現在のイラクの状況も把握しておかなければならない。「集団的自衛権」が行使できるようになったのだから、自衛隊が行く可能性もあるのだ。
米軍退却後もイラクの状況は悪化する一方…
失敗国家…というか、もう国家の体《てい》をなしていない有り様だ。
2011年末マリキ首相は、スンニ派の政治勢力を排除し始めた。
マリキ首相は内相や国防相も兼務して、もはや「独裁者」だとクルド人は批判した。
北部クルド自治政府と中央政府との緊張関係も深刻化していた。

2012年
地域によって脅威の度合いは
異なるものの、
イラク政府機関、治安組織、
宗教関連施設、民間人等に
対する攻撃や爆弾テロ、
宗派対立をあおろうとする
攻撃等が頻繁に発生。
死者数は
毎月300人超だった。

2013年
シーア派からの権力奪取を狙う
スンニ派が、政権を揺さぶるため
テロ攻撃を頻発させ、
ここ数年見られなかった頻度の
大規模テロが首都バグダッド、
イラク北部、中部を中心に
連続して発生。
死者数1000人を
超える月もあった。

2014年
1月——イスラム教スンニ派の
過激派「イラク・シリアの
イスラム国（ISIS）」が、
シリアから侵入してきて
ファルージャを掌握！
恐るべき武装勢力が
台頭してきた。
ISISはアルカイダから
排除されるほど過激で
残忍な集団である。
3月——ISISが、
サマラを襲撃。
ISISは
シーア派勢力の強い
マリキ政権に反発する
スンニ派の住民を味方につけ、
急激に勢力を拡大してきた。
厭戦《えんせん》気分の高まった
アメリカの期待を担う
オバマ大統領は、
2016年のアフガン撤退を
視野に入れ、
「イラク・アフガン戦争の
完全終結」を目指していた。
そのシナリオが
狂い始めたのである。

6月――ISISは、モースル、ティクリート、タルアファル、西部カイムのシリア国境検問所や北部アジールの油田など重要インフラを制圧。
首都バグダッドに迫り、政府軍と激戦になる。
ISISはシリア北部からイラク中部にまたがる「イスラム国」の樹立を宣言した!
オバマ大統領はイラク軍を支援するために1400人の兵力を駐留させたが、
11月にはさらに最大1500人の追加派遣を承認。
イラク軍の戦闘能力次第では、地上軍派遣もありうると米軍首脳は見ている。

一方、クルド自治政府の治安部隊は北部の油田地帯キルクークを制圧。
キルクーク
バグダッド
イラク
イラクはシーア派支配地域、スンニ派支配地域、クルド人支配地域の3つに分裂する可能性が高くなっている。
クルド人
スンニ派
シーア派
イラク戦争開戦以来のイラク人の犠牲者は「控えめな推定」で50万人。
7割以上が民間人で、今も年間1万人の死者を出している。
ごーまんかましてよかですか?
わかるかな?
イラクは圧倒的な男権を誇示する独裁者がいたから、国としてのまとまりがあったんだ。
民主主義が万能の価値観だなんて、間違いだとしっかり学べ!

ゴーマニズム宣言 SPECIAL
新戦争論1
第11章
アメリカの保守も、日本の保守も左翼である

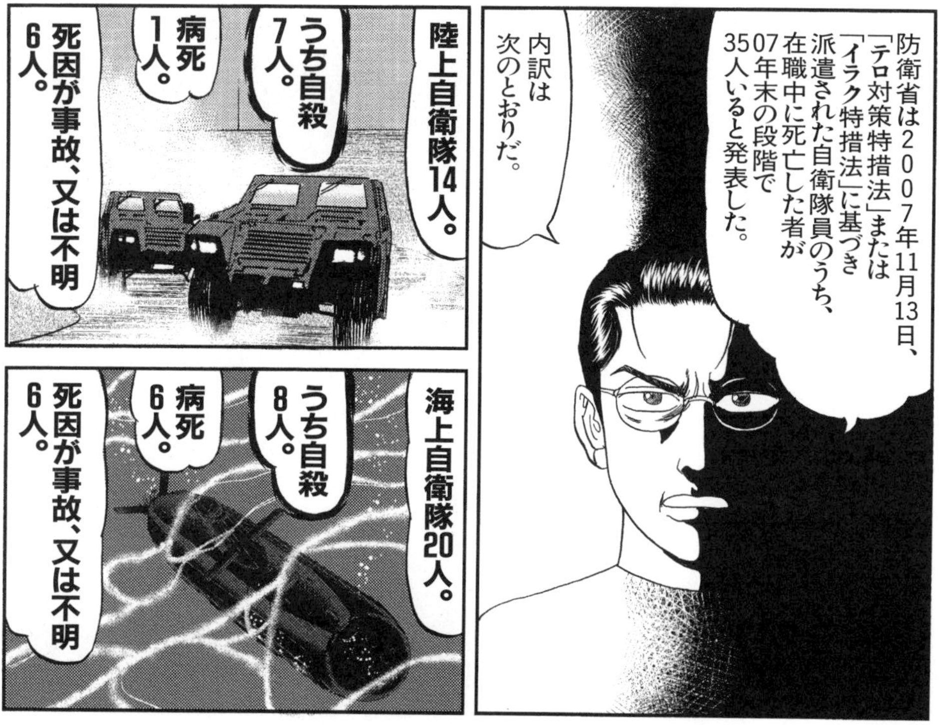
防衛省は2007年11月13日、「テロ対策特措法」または「イラク特措法」に基づき派遣された自衛隊員のうち、在職中に死亡した者が07年末の段階で35人いると発表した。
内訳は次のとおりだ。
陸上自衛隊14人。
うち自殺7人。
病死1人。
死因が事故、又は不明6人。
海上自衛隊20人。
うち自殺8人。
病死6人。
死因が事故、又は不明6人。

航空自衛隊1人。
うち自殺1人。
2014年4月16日の報道によると、
イラク派遣から帰還した自衛隊員の自殺はさらに増えて28人になっていた！
これは人口比で換算すると日本平均の18倍の自殺率である。
防衛省
自殺者が16人。やけに多い。
まだ在職中の数字だ。
NHKがその後を追跡調査したのだが…
この自殺者の多さは明らかに戦場でのストレスから、帰国後、PTSD（心的外傷後ストレス障害）を発症した結果だろう。
陸上自衛隊はサマワに行ったが、深夜、就寝中でも、ロケット弾が宿営地内に着弾したことが13回計22発あった。
陸自は住民に概《おおむ》ね受け入れられたが、2006年6月の撤収決定時の調査では、「自衛隊は占領軍である」と言う住民も約12%はあった。
隊員が油断できない環境ではあっただろう。

海上自衛隊はテロ特措法で
インド洋に行き、
米軍などの艦船に
洋上補給をしていたが、
アフガニスタンの作戦に
対する支援だったのに、
イラク向け作戦にも
転用された疑惑がある。
洋上での海賊やテロにも
警戒が必要だろうし、
酷暑も苛酷だっただろう。
航空自衛隊もイラクに
行ったが、C-130輸送機
による人道復興物資を
運ぶ任務だった。
輸送機は地上からの
ミサイル攻撃に
狙われる恐れがあるので
ストレスは大きかっただろう。
武装兵員を空輸した行動は
憲法違反であるとする
名古屋高裁の判決が出ている。
非戦闘地帯に派遣する
という当時の小泉政権の
方針だったが、
実態はそんなに甘くない。
平成26年7月1日、
安倍政権によって
集団的自衛権の行使容認が
閣議決定された。
日本が他国の戦争に
巻きこまれることはない。
自衛隊が、かつての
湾岸戦争やイラク戦争
のような戦争に
参加することはない。
…などと安倍首相は
以前と何ひとつ
変わらないかのような
詭弁《きべん》を弄するが、
法理上は
そうではない。

個別的自衛権しか
なかった時でさえ、
特措法を作って
占領地に行ったり、
憲法違反をしてまで
米軍の戦争の
後方支援を
やってしまっている。
集団的自衛権が
行使できたら、
もっと堂々と
米軍と一体化
できるだけだ。
安倍首相のブレーンであった
岡崎久彦は湾岸戦争を
例に出して、
「今回の閣議決定ならば
あのときも自衛隊を
出せるだろう」と
正直に発言している。
「日本はアングロサクソンに
ついて行けば百年安泰」と
言う人だけあって、
ゴマカシがない。
「新3要件」譲りすぎではない
元駐タイ大使
岡崎久彦氏
集団的自衛権　識者に聞く　▶▶▶下
岡崎久彦は今回の
閣議決定に
大はしゃぎだ。
自衛隊は
戦争する軍隊に
なりますよ！
そもそも集団的自衛権は
自国が攻撃されてなくても、
他国の軍隊を支援する
権利なのだから、
他国の戦争に巻きこまれる
のは当たり前である。

▲産経新聞2014年7月5日

安倍首相が現時点で
「戦争には巻きこまれない」と
いくら言っても、
日本は「人治主義」の国ではない。
「法治国家」である。
「法理上」の保証がなければ、
首相の言葉など
信じられるわけがない。
法
集団的自衛権が
行使できるようになって、
またアメリカからの
強い要請があった場合、
今度こそ断れまい。
Show the flag!
Boots on the ground!
今後はサマワでの
自衛隊のように、
他国の軍に守って
もらうことはない。
殺し殺される
戦闘を初めて
体験することに
なろう。
帰国したら
PTSDになって
自殺する者も
もっと増えるだろう。
パン
パン
イラクへの自衛隊の
派遣時には、
防衛大学の退校者や、
任官後の早期退職者が
急増した。
ピーク時の05年には
入校者の38・4%が
防大や自衛隊から
消えている。
これからは
自衛隊の応募者が
減るかもしれない。

安倍政権による
集団的自衛権の
憲法解釈変更に
大賛成した者達は、
イラク戦争を支持して
嘘八百を唱えていた
「恐米ポチ」達である。
アメリカの戦争ならば
侵略戦争だろうと
もろ手を挙げて支持し、
日本国民を確実に
ミスリードしたと
判明しても、
反省も謝罪もしない
卑劣な言論人たち、
そんな連中を信じたら
亡国に繋がると
いいかげんに
気づいたらどうだ!?
わしは護憲派のように
「集団的自衛権の行使=戦争」
と言っているのではない。
集団的自衛権は
国連憲章
第七章五一条で
認められている。
憲法改正して
歯止めを
どうかけるか
によっては、
「集団的」も
認めていい。
だが「恐米ポチ」の願う
集団的自衛権は、
「=戦争」の等式が
成り立つ恐れが強いから
わしは反対するのだ!
日米同盟の毀《き》損《そん》が
日本の存立を脅かす
「明白な危険」に該当
すると、安倍首相は
国会で答弁したが、
わしは、そう思わない。

「恐米ポチ」は、日米同盟が日本の命綱と思っていて、米軍と自衛隊を一体化させる。
日本をアメリカの属国にする。
「恐米ポチ」は、好戦国・アメリカとの同盟関係が、国連決議より重要だとイラク戦争で主張した。
侵略戦争を肯定することは絶対に許されない！
アメリカではネオコン（新保守主義）が政権に影響を与え、
日本では親米保守がそれに呼応した。
アメリカにも日本にも保守と自称したり保守と思われてる者たちがいる。
好戦的で勇ましいことを言うのが保守と思ってる者もいるようだ。
「保守」とは一体何なのだろうか？

保守とは本来、歴史から学ぶことであり、歴史を無視する「設計主義」を否定する態度のことである。
人間の浅知恵で計画通りに社会や、国や、世界を作り変えることはできないと考えるのが保守である。
したがってマルクス主義という設計主義で、歴史を無視して作られたソ連(ロシア)、中国、北朝鮮も「左翼」だが…
歴史や伝統がないゆえに、自国の民主主義を最大の価値と信じ込むアメリカも「左翼」なのだ。

民主主義は単なる政治スタイルであって、しかも完成形などない。
日米は共通の価値を持つ国であり…
民主主義は「価値」じゃねーーし！
共通でもねーーし！
国の歴史・文化にふさわしい民主主義があるのであって、
国の数だけ民主主義はあると考えるべきである。
イラクでは、まだ独裁の方がふさわしかったのであり、
将来的には民主主義に移行する歴史もあったかもしれない。
国の歴史を無視し、アメリカ流の民主主義を中東全体に押しつけてやるというネオコンの考えは、
つまり、中東の国々を外部から武力を使って強引に「革命」してしまえという、途方もないムチャクチャな発想であり、「ウルトラ極左」である。
そんな「設計主義」が成功するはずがないのに、できると信じ込んだ「ウルトラ馬鹿」が日本にいっぱい、いたのだ！
彼らのどこが「保守」か？
産経・読売などのマスコミも、「恐米ポチ」の言論人も、全部「左翼」なのだ！
阿川尚之
岡崎久彦
田久保忠衛
森本敏
西尾幹二
古森義久
石井英夫

日本の自称保守は、「恐米左翼」と呼ぶ方が正確である！
彼らはアメリカが恐くて、アメリカという「左翼国家」について行きたい「左翼言論人」に過ぎない。
親中も左翼だが、親米も左翼！これはしっかり覚えておいた方がいい！
戦争に反対したら「左翼」なのではない！
戦争反対
憲法9条を守ろう！
NO WAR
道義において、あるいは国益において、ダメな戦争か？やるべき戦争か？
それを見ぬくバランス感覚こそが「保守」である！
好戦的な人間が「保守」なのではない！
好戦的な者は戦前の軍部同様、亡国に導く恐れがあるから「左翼」である！

イラク戦争など、
「大義」も「道義」もない
侵略戦争であり、
絶対、失敗すると
見ぬく常識と
バランス感覚を
持つ者こそが
「保守」なのだ！
そして「左翼」のように、
軍事力なしの外交にも、
「保守」は期待しない。
ましてや侵略されたら
降伏すれば済むと考える
奴隷根性など
「保守」は絶対に認めない！
ごーまんかまして
よかですか？
大国の属国にならず、
国家の存続と
道義のためなら、
戦争も辞さない
覚悟を持つことが
「保守」なのである！
日本を
守れ!!

ゴーマニズム宣言
SPECIAL
新戦争論1

第12章 閉された言語空間

自称保守の人たちは「ウォーギルト」とか言ってるでしょ?
ウォー・ギルト・インフォメーション・プログラム、WGIPな。
戦争した罪悪感を日本人に植え付けるんでしょ?
さすがわしの秘書だな。よく知ってる。
えへっ…ほめらリータ♪

アメリカが日本を占領してた時期に検閲や報道を通じて、日本人を洗脳したんだよね？
WGIPは、日本人がアメリカを憎まないように洗脳するプログラムなんだ。
でしょ？でしょ？
日本人が「反米」にならないよう洗脳したんだよね？
江藤淳が『閉された言語空間』で暴いたんだが、日本人が憎むべき相手をアメリカではなく、戦前・戦中の日本政府や日本軍に向けるように仕組んだんだな。
つまり軍と国民の分断を図ったんだ。
閉された言語空間
占領軍の検閲と戦後日本
江藤淳
日本人を「親米」に洗脳するプログラムだよね！
うん。敗戦したばっかりの頃の日本人は、アメリカを憎んでいたからな。
それが奴らは恐かったんだよ。

そのWGIPのことを知ってるのに、なんで自称保守は「親米」なの？
うっ…！
なんで「恐米」にまでなっちゃったの？
自分たちが洗脳されてるじゃん！
確かにね…
左翼の人たちは「反米」でしょ？
左翼の方が洗脳されてないじゃん！
ううーん。
鋭いけどちょっと違うんだよなあ。
なんで？
洗脳されたら「親米」！
洗脳されてなかったら「反米」じゃないの？
左翼はやっぱりWGIPに洗脳されてるんだ！

だから左翼は「大東亜戦争」に罪悪感を持っている。
戦前の日本は悪と思い込み、日本の戦争責任を必死で追及する。
自国を貶《おとし》め、祖父たちの悪を暴いて喜ぶなんて異常だろう。
「太平洋戦争」って名称もアメリカが日本に使用させた言葉だからね。
日本軍が残虐行為」
南京大虐殺に新資
慰安所 軍関与示す資料
そっか。確かに罪悪感のカタマリだね。
じゃ、左翼が「反米」なのはなぜ？
それは戦後、世界が「東西冷戦」になったときに左翼が社会主義陣営に付いて、資本主義のアメリカに反発したからだ。
左翼が「反米」と言うのは「反米・親中・親ソ」だった名残りだね。
そっか〜。今はソ連崩壊で、ロシアも中国も資本主義だからね。
冷戦が終わっても「反米」と言ってるのは、マルクス主義者くらいしかいない。
それとわしね！

わしの場合「反米・反中・反ロ・反朝鮮」ぜ〜〜〜〜んぶに「反」!
だってアメリカも中国・ソ連と同じ「設計主義」の国だから左翼なんだもん!
「反左翼」ね。
そう。わしは「反左翼」!
じゃあ「親米・恐米」の自称保守の人たちはWGIPに洗脳されてないの?
洗脳されてるな!
なんでだも?
例えば歴史観でも、読売新聞・産経新聞は「大東亜戦争肯定」ではないよ。
東京裁判に疑義を呈したりするけど、
「対米追従」が社是だからね。
検証 戦争責任
軍部独走 政党は凋落
検証 戦争責任
「世界」の潮流 見誤る
満州事変 国際秩序を揺るがす
洗脳されてなきゃ自衛隊と米軍の一体化を喜んだりできませんよ。
アメリカの侵略戦争まで支持できませんよ。
な…なさけないよ〜っ
みっともないよ〜〜〜〜っ

靖国神社の英霊の前で
「日米同盟なしでは日本は独立を保てません」
なんて言えるかよっ!
パン
パン
恥ずかしいよ〜〜〜〜っ!
英霊はアメリカと戦ったのに〜〜〜〜っ!
アメリカの砲艦外交で開国させられて以来の「攘夷」の精神をすっかりなくした連中が、よく英霊の前に立てるよ!
恥を恥とも思わない日本人ばっかりになってしまってごめんなさ〜〜〜〜い!
占領軍は新聞・ラジオなどの報道機関から、文書・書籍・手紙まで徹底的に「検閲」したんだ!
戦争放棄
眞相箱
太平洋戦爭史
奉天事件よりミゾリー降伏文書
隠蔽されし眞實
今こそ明かに暴露
軍部テロを開始す
真相はこうだ
こ…ひどすぎるっ!
国際法違反だよっ!
民族浄化じゃん!
OPENED BY

戦中の日本の検閲は、検閲していることがバレバレだったが・・・
占領軍は検閲の存在自体を秘匿した！
検閲されてることがわからないままに、日本人は洗脳されたんだ！
検閲済
江藤淳は「眼に見える戦争は終わったが、眼に見えない戦争、思想と文化の殲滅《せんめつ》戦が、一方的に開始」されたと書いている。
「占領当局の究極の目的は、いわば日本人にわれとわが眼を刳《く》り貫《ぬ》かせ、肉眼のかわりにアメリカ製の義眼を嵌めこむことにあった」とも書いている。
ぞぞ〜っ
私の眼は大丈夫？
アメリカの義眼じゃないっ？

読売・産経新聞は
現在を見るときの
アメリカの義眼！
朝日・毎日新聞は
過去を見るときの
アメリカの義眼！
讀賣新聞
集団自衛権 71%容認
「限定」支持は
日記と写真もあった
南京大虐殺
悲惨さ
思い出すと今も涙
低い事故率 感情的反発
讀賣新聞
日米 TPP実質合意
日本のマスコミは
全部そんなもんだ。
けどさァ
江藤淳って
産経新聞に
書いてたんでしょ？
昔は江藤淳が
保守派の眼を覚ます
可能性があったのだが……
それがなぜ
「恐米」一色に
なったの？
9・11からだよ。
あの時のアメリカの
狂気のナショナリズムに、
自称保守派は
あわてて日本人の肉眼を
刳り貫いて
アメリカの義眼を
嵌めこんでしまった！
江藤淳はもう
逝去《せいきょ》したあとだった。
それ以降、自称保守派は
「恐米左翼」と化し、
アメリカの義眼を
ネット右翼にも
伝えていった。

9・11以降、
アフガン・イラク戦争に向かう
アメリカを、日本人の肉眼で
批判するわしに対して
恐米左翼は、こう言った。
今は反米を言う時ではない！
はあ？
今だけ？
いつか言うの？
冗談じゃない！
今こそ言わなければならなかったのだ！
そーよ！
日本にとっても、
アメリカにとっても、
中東にとっても、
世界にとっても、
今こそ言うべき時だった！
こぴっと確かに！
あれから十数年が経ち、
イラク・シリア・パレスチナ・
ウクライナで、
手も足も出なくなった
アメリカがいる。
……
まるで世界大戦前みたいな
殺伐《さつばつ》とした状況ね…

今の世界の混乱の原因は全部、イラク戦争の失敗に端を発していると言うこともできる。
それを支持したのが「恐米左翼」!
その通り!
批判したのがよしりん先生!
どんぴしゃ!
しかもネット右翼のバッシングにさらされながら!
負けんかった〜〜〜っ!
論壇誌でもボロクソに叩かれて!
信念、微動だにせず〜〜〜っ!!

わしはイラク戦争に賛成した者は切腹すべきだと思っとるよ。
日本人の誇りとか言いながら、言論でミスリードした者たちが責任とらぬはずがない！
みんな「切腹しなくていいんですか？」と急《せ》かしてくれ。
きっと切腹してくれるはずだから！
どうぞ。
ごーまんかましてよかですか？
まだまだ日本人は「閉された言語空間」の囚人だ。
洗脳が解けた日本人はまだ現れないのか？
アメリカの義眼をとれ!!

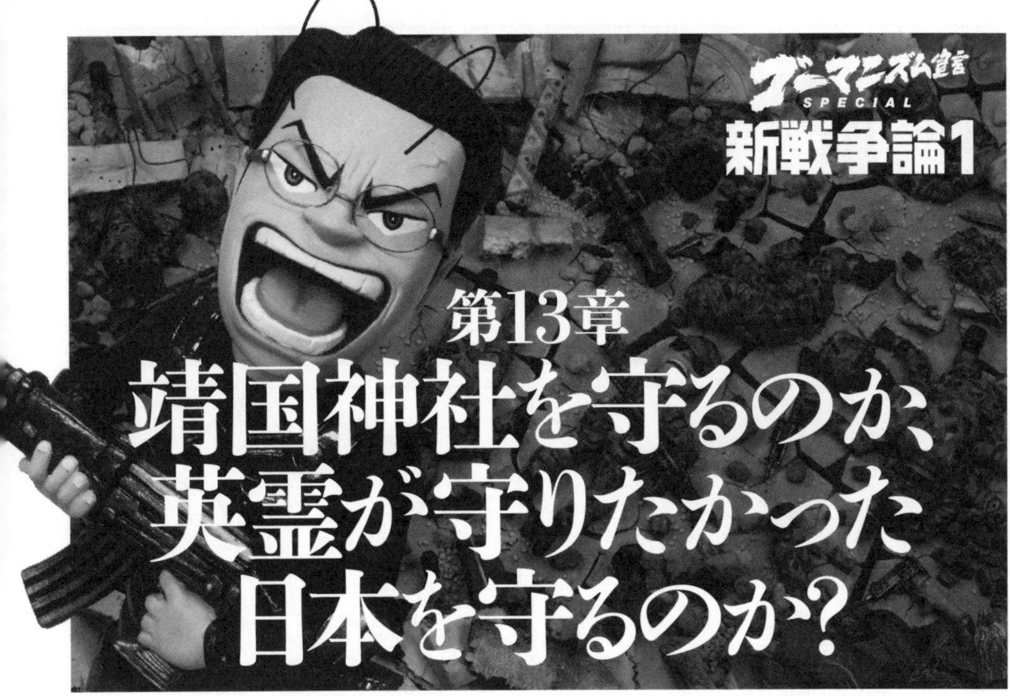
ゴーマニズム宣言
SPECIAL
新戦争論1
第13章
靖国神社を守るのか、
英霊が守りたかった
日本を守るのか？

右！
左！
右！
左！
右！
左！
右！
二礼！
パン
二拍手！
パン
一礼！
不戦の誓いをしてきました！
えっ？不戦？
防衛戦争もしないのか？

日本は二度と戦争を起こしてはならない!
なに?
過去の戦争は日本が起こしたのか?
日本だけに責任があるのか?
私は過去への適切な反省の上に立って、そう考えています!
げっ!
帝国主義の時代の戦争をそんなに反省してたのか?
戦争犠牲者の方々を前に、
な…なんだと?
英霊を犠牲者だと?
今後とも不戦の誓いを堅持していく決意を新たにしてまいりました!
馬鹿野郎が——っ

安倍首相の靖国参拝の理由は、完全に「自虐史観」である。
左翼の言葉である。
ところが自称保守やネトウヨは、これに大賛辞を贈る。
安倍ちゃんよくやった!
中国・韓国ざまあ!
いいね!
いいね!
いいね!
ネット右翼なのか、ネット左翼なのか、全然わからん!
そのうち、こんな靖国参拝も「いいね!」になるだろう。
尊い命を国の犠牲にして可哀そうにと慰霊しました!
気の毒に、可哀そうに、無惨でしたねと慰めました!
犬死にさせてごめんなさいと謝りました!
我々は命を大切にしますからと誓いました!
平和が一番と祈りました!
反戦平和をお願いしました!
ダメだね——っ!

靖国神社は
「不戦の誓い」を
する所ではない。
犠牲者を
「慰霊」する場
ではない。
靖国神社は
国のために命を捧げた
「英霊」を「顕彰《けんしょう》」する
施設である！
まあ、何も知らない
一般庶民は、
不戦や平和を誓っても、
自分の現世利益を願っても、
何でもいいだろう。
だが、首相や政治家、
そして愛国者ならば、
国のために命を捧げた
「英霊」に手を合わせて
「不戦の誓い」はダメだ。
今後、永久に戦いません！
反省した〜〜っ！
犠牲者のみなさん！
「英霊」とは
「特段、英《ひい》でた霊」であり、
つまり「英雄の霊」である。

したがって、靖国神社では「英霊」を「顕彰」すべきであって、本来なら、こう誓うべきだろう。
よくぞ国のために命を捨ててくださった。
我々もいざとなったらその覚悟で国を守ります。
「不戦の誓い」なんかしたら、戦ったことが悪かったということになり、「英霊」に対して、最大の侮辱になる。
安倍首相の靖国参拝は、足を交互に出して社殿に昇り、二礼二拍手一礼する「パフォーマンス」をしただけだ。
参拝の動機は「不戦の誓い」のためと明言したのだから、それは「反戦平和」の参拝だったのだ！
不戦の誓いをしてきました！
そもそも靖国参拝が保守の証しであり保守の踏み絵だと思い込むのが馬鹿馬鹿しい！
靖国参拝が「売国の隠れ蓑《みの》」として利用されることだってあるからだ！
これは重要な視点だ。
売国の隠れ蓑！

かつて小泉政権のとき、小泉首相の靖国参拝を支持するための広告を出したいという相談で、右派の重鎮・大原康男氏が仕事場に来られた。
首相の靖国参拝を支持する新聞広告を出すので名を連ねてほしいと言う。
だがわしはものすごく迷った。
大原氏の頼みなら断れない。しかし…
わしは小泉首相の「構造改革」「郵政民営化」に大反対で、日本の国柄が壊れると思っていたのだ！
小泉首相は「構造改革」という「設計主義」で、日本を破壊しようとしていた！
それならば今の小泉自民党は、若者より先に「反体制」になっていたのである！
改革を止めるな――っ！
日本的なるものをぶち壊せ――っ！
改革なくして成長なし！
マネーゲームに参戦せよ！
改革断行！
今から振り返ってみればわかると思うのだが、かつて日本の企業は正社員中心の終身雇用制であり、会社は共同体の一つであった。
会社
地域
学校
家族
会社は誰のものかといえば、労働者のものだった。
会社への忠誠心と組織力が日本経済の強みだった。
世論調査で「自分は中流だ」と答える者が圧倒的に多い社会だった。
日本は中間層が分厚い構造だったのだ。
富裕層
中間層（中流層）
貧困層

この構造を根本から変えるのが小泉純一郎で、「米百俵の精神」などと言いながら、痛みに耐えれば必ず幸福になると国民をだましていた。
格差が出ることは悪いことではない！
成功をねたむ風潮や能力のある人を引っ張る風潮は厳に慎んでいかないと社会の発展はない！
小泉首相はこう言い切った。
こうしてリストラが奨励され、雇用の流動化が進み、非正規社員が膨大に増え、中間層が崩壊し、日本は貧富の差が拡大する一方の社会になった。
富裕層
貧困層
いわゆる「新自由主義」という政策である。
国の規制を解き、市場の弱肉強食に任せっぱなしにする。
会社は株主のものになって、日本は「株主資本主義」の社会になったので、労働者の権利は消滅した。
日本型資本主義からアメリカ型弱肉強食のグローバリゼーションへの大転換だった！
その頃、英雄になっていたのはホリエモンであり、ベンチャー企業が持てはやされていたのだが、リストラされた者たちを吸収できるほど大きな企業はそう簡単には育たない。
孝行息子・ホリエモンに権力のお墨付きを与えたのは自民党幹部たちだった。
我が息子です！
人の心はお金で買える！
女はお金についてくる！
小泉 ホリエモン 竹中で スクラム組んで…
天皇制は違和感がある！
子供への影響が大きいぞ、これらの言葉は！
労働者はクビ切りしやすい非正規社員が4割を超え、正規社員も激しい競争で安定は望めない。

「構造改革」は結局、
内需よりも外需で稼ぐ
企業のグローバリズム戦略を
加速させるばかりで、
生産工場も、労働者も、
販売市場も、国外に移転して、
大企業の「内部留保」だけが
膨らんでいく政策だった。
このグローバリズムのせいで、
もう「富のトリクルダウン」は
起こらなくなった。
大企業がいくら儲かろうと、
蜜がしたたり落ちるように
下の労働者に恩恵が
巡ってくることはないのだ。
日本は1%の富裕層ばかりが
さらに裕福になり、
中間層が崩壊して、
貧困層が今も拡大している。
将来不安から
結婚・出産・子育てなど
できないという人々が増え、
少子化まっしぐらの国家衰退の
道に突き進んでいる。
弱肉強食の
新自由主義への道は
すでに橋本内閣あたり
から踏み出していたが、
小泉首相は
それを加速させ、
公認してしまった。
わしは小泉首相の
「亡国経済政策」を
見抜いていたから、
「靖国参拝」といえども、
支持したくなかった
のである。

英霊の前で、
これから、みなさんが守った郷土や日本の国柄を破壊します！
アメリカのバクチ経済に追従して、日本を弱肉強食の社会にします！
…とでも報告する気か？
英霊の中には軍人として、「国家のために死ぬ」と覚悟した「ナショナリズム」の者もいるが…
多くの兵隊たちは、「おらがクニ（郷土）のために戦う」という「パトリオティズム」の感覚だった。
その郷土（パトリ）という共同体を崩壊させる小泉首相の靖国参拝を支持していいのだろうか？
自称保守派は「経済」に関心がない。
「日米構造協議」での「対日要求項目」の突きつけなどは「日本改造プログラム」であり、「外交」という手段で行う「戦争」だということがわかってない。
公共投資拡大
土地税制見直し
大店法廃止
米企業参入障壁と日本的取引慣行撤廃
アメリカが日本の損になる要求を次々に突きつけて、日本が次々に断ったら、幕末の砲艦外交のように、最後は武力で脅す。
国を開け——い！
不平等条約を結べ——い！
ドーン
ドーン
外交と戦争は地続きなのだ！
だが、日本政府が自ら、
はーい！我が国のルールも国柄もぶっ壊します！
と宣言すりゃ、そりゃあ戦争にはならないだろう。

自ら喜んで白旗振って「日本の構造を改革する」と叫ぶ小泉首相の靖国参拝を支持して良かったのかといえば、わしはやはり間違っていたと反省している。
あれから十数年が経って、今度は安倍首相が株価だけを見て新自由主義の成長を妄信する政策を推し進めながら靖国参拝を行った。
しかも、今度は尖閣諸島を巡って日本と中国がチキンレースを始めた真っ最中の参拝だ。
偶発的な武力衝突から、日中戦争にアメリカが巻き込まれる恐れがある状況だから、オバマ政権がやきもきするのは当たり前。
だからわざわざ米国のケリー国務長官とヘーゲル国防長官が揃って、千鳥ケ淵墓苑に献花して、メッセージを送っていたのだ。
靖国参拝はダメだがこっちならいいよ。
なのに安倍首相が靖国参拝を強行したのだから、アメリカが「失望」するのは当然なのだ。

アメリカからすれば、
靖国参拝や尖閣諸島
なんかのせいで、
中国との戦争に
巻き込まれるなど
大迷惑だと思うだろう。
元々、「大東亜戦争肯定史観」の
靖国神社に対して、
アメリカが好意を持つはずがない。
第二次世界大戦で、
「日本は悪玉だった」というのが
アメリカの歴史観なのだから。
安倍首相は小泉首相の
流れをくむグローバリストである。
株価だけを見て、
大企業と富裕層だけを
もっと優遇する政策を進め、
貧富の格差を極大化する
結末を急いでいる。
国民の年金まで株の運用に
投入すると言い出した。
移民政策も巧妙に
推し進めようとしている。
つまり、小泉にしろ、安倍にしろ、
「靖国参拝」とは、
日本をアメリカ型の
超格差社会に改革する
売国行為の「隠れ蓑」なのだ！

ナショナリストのふりをするのに、靖国参拝ほど効果的なパフォーマンスはない！
パンパン
靖国参拝さえすれば、タカ派であり、保守であり、愛国者であると国民がだまされるのだから実に単純！
売国の隠れ蓑！
「靖国参拝は保守の条件」と言うオヤジやネトウヨがいる。
在日朝鮮人に対して、ヘイトスピーチデモをしている差別集団も、靖国参拝したら保守か？
就職をあきらめて、親のスネかじってネットで愛国者になって人をバッシングしている連中も、靖国参拝したら保守か？
自民
犯罪をおかしても、その直後に靖国参拝したら保守になるのか？
慰安婦問題をでっち上げた者でも、靖国参拝したら保守に化けるのか？

靖国参拝さえすれば「保守」に化けるのなら、鳩山由紀夫も菅直人も、福島瑞穂も、すぐにやった方がいい。
しかも例大祭か、8月15日に参拝すれば、小泉・安倍以上の「保守」と認定されるぞ！
保
保
保
小泉氏もそうだったが、安倍首相も、靖国参拝を、「隠れ蓑」「猫だまし」「目くらまし」にして、亡国政策を推進している。
平成26年（2014）7月に『保守も知らない靖国神社』をわしは上梓《じょうし》した。
靖国神社に関しては色々、出しているので、これらを読んで理解を深めてほしい。
保守も知らない靖国神社
靖國論
ごーまんかましてよかですか？
靖国神社を守るのではない！
英霊が守りたかった日本を守るのだ！

ゴーマニズム宣言
SPECIAL
新戦争論1
第14章
国民の手本、
少女学徒隊

昭和19年(1944)3月、
刻々悪化する戦況の中、
南西諸島防衛のため
第32軍が創設され、
沖縄本島に8万6000余人の
兵力が配備された。

急な配備で、宿舎は
学校の校舎などを
使用しても足りず、
民家にも将兵が宿泊
することになる。

教師の金城和信・ふみ夫妻の家でも、5部屋のうち3部屋を提供し、風呂も将校風呂として貸していた。
金城家には一男三女があったが、長男・和彦は東京に進学中で、家には信子・貞子・和子の姉妹がいた。
この時、沖縄県民と日本軍将兵の関係は非常に緊密で、中には家族のような交流もあった。
金城家に宿泊していた京都帝大出身の報道班員、井上三義中尉は、ふみを「沖縄の母」と慕い、長女・信子の勉強をよく見ていた。
信子は19歳、文学の好きな少女だった。
お母さんおんぶしてあげる。
なによ急に?
やだ〜〜ぁ何なのこれ?
信子、もういいから。

たわむれに母を背負いてそのあまり…
…軽きに泣きて三歩あゆまず。
石川啄木だね。
そう。啄木の実験！
三歩あゆまずどころか、家中歩いてるじゃない。
ははは～！
も～～っ信子は～～っ！
きゃはははは
次女・貞子は14歳、末っ子の和子は10歳、仲の良い姉妹だつた。
だが、戦禍は容赦なくこの一家を、沖縄を襲つたのだつた…

対馬丸、学童疎開船、魚雷攻撃を受けて沈没。
十・十空襲、那覇市の市街地の大半が焼失。
鉄の暴風、3カ月にわたる米軍の空襲や艦砲射撃。

戦艦大和、沖縄特攻。
米軍、本島上陸。

女子学徒隊の日本兵への看護。
米軍による壕の馬乗り攻撃。火炎放射。

女子学徒隊、
米軍に追いつめられて
集団自決。
ドォーン!!
大田海軍中将、自決。
『県民に対し
後世特別の
ご高配を
賜らんことを』

沖縄戦が終わり、捕虜となつた兵隊のうち沖縄県外の出身者は、牧港収容所に入れられた。
そして、そこに井上三義中尉の姿があつた。
報道班員だつた井上は、収容所放送のラジオで話してほしいと何度も頼まれたが、断り続けていた。
そんな井上が意を決してマイクの前で、1時間余りにも及ぶ放送を行つた。
その手には、金城ふみから届けられた手記があつた。
本夜は中秋の名月であります。
今宵の美しいこの空を仰ぎ見て、
くまなく下界を包んでいるこのやわらかな月光の中に、
私は皆さまとともども、この果てしない鉄柵の中から、懐かしい故郷の母の姿を偲《しの》んでみたいと思います…。

尊い母、懐かしい母、恋しい母…
私は全員とともに沖縄の、この世にも悲しい、そして美しい母の姿を、深い同情と感謝の心をもって迎え、偲んでもらいたいと思います。
金城ふみさんは、戦前は国民学校や青年学校に教鞭をとって沖縄の青少年教育のために力を尽くされていた立派な方でした。
ふみさんの愛嬢信子さんは、県立第一高等女学校卒業後、師範学校女子部に進んだ方であり、妹貞子さんは、県立第一高等女学校の4年生で、二人とも夢に出るような明るい立派な乙女でした。
ただいまからこの文面を、皆さまに聞いていただきたいと思います。

信子と貞子は、何をするにも、いつも一緒でしたので、近所の方々にも、二人のことを、「あんなに仲の良い姉妹は珍しい」とよく賞《ほ》めて下さったものでした。
そして仲の良いその二人は、とうとう手を取り合って靖国の神になりました。
でも私には、まだ二人がどこかにいるような気がしてならないのです。
いまにも、ひょっこり帰ってくるように思われてならないのです。
あれは貞子が女学校の三年生のときでした。学校から息せき切って帰ってきて…
母ちゃん、今日ね、学校従軍看護婦の人員が決まったの。
四年生は全員従軍することに決まったけど、三年生は各クラスから体格の良いもの十名ずつ選ばれたのだけど、ちょうど私までで切られてしまったの。
貞子は合格したのよ！

だけど私のすぐ次の洋子さんから、だめの部に入れられて、洋子さんたちは残念がって、とても泣いて、ほんとうに気の毒だったわ。
先生がね、特志看護婦としてこれから学校といっしょに行動するのだけれども、
戦場の花と散ったときは、戦死扱いで、軍人と同様に靖国神社へ行けるんですって！
ほんとうによかったわ。ほんとうによかったわ。
明日から、津嘉山の陸軍野戦病院へ、看護婦練習に行くことになっているの。
…と喜んでいました。
信子も貞子もよく、「私たちの卒業証書は靖国神社の入場券になる」と言っていました。
あの信子と貞子が、二人仲良く逝ってしまおうとは、夢にも思われないことでした。
二人が口ぐせに言っていたように、今ごろは靖国神社で、さぞかし安らかに数多くの御霊のかたがたと、生活していることでしょう。

信子は、大正14年10月29日の朝10時ごろ、元気な産声をはりあげて、生まれました。
丸々と太って、とても発育がよく、真っ黒い髪の毛が、ふさふさとしていました。
顔の左のほおに黒いほくろがあって、あどけない顔に一重まぶたがよけいかわいい子でした。
昼はよくねんねしたけれど、夜は逆によく泣きました。
夫と私二人で、夜通し起きて、あやしたこともありました。
ホギャー
ホギャー
貞子は、昭和5年8月23日の午前10時ごろ、産声高く生まれました。
オギャー
それから10日ぐらい経ってからだったと思います。
40、50メートルの暴風雨があって私は貞子を抱いて、まだ床におりましたが、
おばあさんとばあやが、雨戸を風にとられないようにと、一生懸命縄で縛って、私と貞子を守ってくれました。
ゴオオオオオ

6歳の時の夏でした。あのころ水疱《すいほう》が流行って、貞子もかかりましたがちょうどなおりかけて、まだカサブタのあるころでした。
私が学校から帰ってきて、夕御飯の準備をしていたとき、貞子は鏡台の前に座って、一生懸命にカサブタをはいで、シッカロールをつけていました。
忙しさに追われて、何気なく、「べっぴんさんになったのね」といって、別に気にもしませんでした。
翌日学校へ行って、一時間めの授業が終わり近くなった頃、子守をしていたよし子が、「おばさん、貞子さんは寝ていてダンスをしていますよ」と知らせてきました。
少し早めに授業をすまして、家へ飛んで帰りました。
すると貞子は人事不省になっていました。
さあたいへん！私はどうして学校まで駆けて行ったか覚えていませんが、居合わせた先生方に助けをお願いしました。
先生方は手分けをして、人工呼吸をしたり、水を吹きかけたりしてくれました。

そして4、5人の先生方が
町の病院へ、
別の4、5人の先生方が
屋富祖《やふそ》病院へ、まるで
マラソンのようにして
飛んで行ってくださいました。
お医者さんが見えるまでの間、
この時ほど、時間の経つのが
永いと感じたことはありません。
お医者さんの乗っている
人力車を、
ひっかつぐようにして、
先生方は呼んできて
くださいました。
注射をするとすぐ
息を吹き返し、
意識を取り戻した時は、
本当に嬉しかったけど、
全身脂汗で
いっぱいでした。
シッカロールの鉛分の
ためではないかと、
後でわかりましたが、
全くあの時のことを
思い出すと、
今でも胸がどきどき
してなりません。
先生方のおかげで、
命拾いをした
貞子でした。

こんなにまでして大きく
なっていった貞子や信子が
お友達と一緒に洞窟の中で
亡くなったことを知った時、
私は、自分が本当に
生きているのか死んでいるのか
わからないような、
ただぼうっとした毎日を
送ってしまいました。
それでも一心に、どこかに
信子、貞子が生きている
としか思えませんでした。
本当は、私は
そう思わなくては、
到底生きてゆくことが
できなかったからです。
昭和20年の3月下旬、
とうとう敵艦船が
沖縄をとりまき、
艦砲射撃が
開始されました。
私は、二人の希望通り、
信子、貞子を従軍看護婦
として南風原の陸軍病院へ
送りました。
南風原（はえばる）

二人は、御国に御奉公するときがきたと言って、晴々と、よろこんで出て征《い》ったのですが、それがこの世で最後の別れになってしまいました。
それから二、三日して、敵は中部に上陸し、沖縄は、もうおそろしい戦場となってしまいました。
来る日も来る日も、激しい戦闘が続き、砲弾や銃弾の落下する中で、私はかたときも信子、貞子を思わぬ日はありませんでした。
首里の戦線もいよいよ急を告げて危なくなった頃、私は信子や貞子たちひめゆり部隊のいる南風原陸軍野戦病院も南へ下ったということを聞きました。

私たち夫婦も南へ行けば、
或《ある》いは二人に会えるのでは
ないかと、一心にそれのみを
思って、南へ南へと、
降りしきる砲煙弾雨の中を
歩み続けました。
私もとうとう
南の果てまで
追い詰められました。
死体はあちらこちらに
散乱し、友軍の応戦も、
もうすっかりやんで、
ただ時たま特攻機が
米艦船に突入していく時
だけ、ものすごい砲声が
聞こえるだけでした。
私たちは友軍の
逆上陸を夢見て
頑張っていました。
夫はアダン葉の中に
伏せて隠れていた
ところを、米兵に発見
されました。
夫は手榴弾の信管を
抜こうとした拍子に、
滑って左手の手首を
折ってしまいました。

不思議なことに、それまでいつも国民服を着ていた夫が、この時だけは信子のげんろくのかすりの着物を着ていたのです。
もしあのとき国民服を着ていたら、兵隊と間違えられて、射殺されたに違いありませんが、一般の非戦闘員として、なんの危害も加えられませんでした。
この事はいまだに、信子が父親を護《まも》ってくれたと私は信じています。
また兄の和彦が、学徒動員を受けて神奈川県の隊にいる時、敵艦載機の波状攻撃にあって、退避するいとまもなく、その場に耳をおおって伏せたそうです。
ヒュゥ
途端に、目の前で爆弾が炸裂し、壕に待避しようとして伏せずに走っていた者は、あっという間にやられたのに、和彦は伏せていたため助かったそうです。

そのとき貞子の、
「兄さん、危ない！
すぐ伏せて！」
という叫び声を
聞いたそうです。
貞子が兄を
護ってくれたのです。
こうして信子と貞子が、
父親と兄の身代わりに
なったのでした。
たしか6月23日だったと
思いますが、あれほど
激しかった砲声も、
その日の午前中で
ぱったりと止んでしまい
ました。
後でわかったことですが、
実はこの日が、
牛島軍司令官と
長《ちょう》参謀長が自刃された
日だったのです。
変わり果てた戦野の跡に立って、
とうとう信子、貞子に、
巡り合うことはできませんでした。

二人が口ぐせのように言っていたとおり私は、「とうとう靖国神社へ行けたのね」と涙ながらにつぶやきながら、毎日を祈りの生活に過ごしております。
「靖国の宮にみたまは鎮まるも、おりおり帰れ母の夢路に」と、このうたを歌った信子の声は、ありありと私の耳に残っています。
でも、こうして、あれこれと思い出している今は…今は…この胸はちぎれるばかりです。
やっぱり何度でも私は聞かずにはいられないのです。
「信ちゃんよ！貞子よ！どうしてお前たちは、母ちゃんを残して逝ってしまったの」と。
ありし日の いとし子のこと 偲びつつ 何をか書かむ 涙ながれて

うぅぅ…
ひっく
ひっく
くくく…
私のこのまずい読み方でも皆さまには、概略おわかりのことと思います。
ともすれば、われわれは沖縄の方々のことを忘れるおそれがありますが、このような母があり、このような立派な日本人本来の姿があることに思いを致して、
沖縄の方々に対して彼らの持つ環境に対して、深い同情と理解とそしてまた祖国のためにすべてを捧げつくして散って逝った幾多の尊い沖縄の方々に対して、
本当に心からの感謝を捧げると共に、彼らの冥福《めいふく》を祈らねばならないと思います。

この放送を聞いた兵隊から、ふみの許へこのような手紙が届けられた。
あなたさまがたが何よりも頼りにしておられた兵隊、そして私たち自身も、高いほこりと自信をもって胸を叩いていた軍隊が、ご期待にそむいてこのようなありさまになってしまいました。（中略）
私のお世話になりました娘さんがたの中にも、負傷の面倒をみてくださったり、部隊の仕事に、兵隊にまさるとも劣らぬ労苦を進んでなしとげたかたがたがありましたが、
その後人づてに、あの娘さんも亡くなった、この娘さんも亡くなった、という言葉を聞くたびに、私の心はいいしれぬ暗さにおとしいれられるのでございます。
戦闘の陣地構築の苦しさを、邪心のない笑いで明るくしてくれたり、戦闘がはじまってからのあのすさまじい恐怖の中でさえ勇敢に協力し励ましてくれた娘さんたち…。

何はともあれ、
この人たちだけは
生きてもらわねば
相すまぬと思っていた
娘さんたち…。
まだ、まざまざと
眼底に残って
尽くることのない
追惜の涙をさそいます。
顧みれば、はるばると
南のはてまで
防人の重き務めに
いさぎよく征《い》できたった
私たち兵隊の上に、
つねに温かい慈愛の心で
何かにつけて慰めて
くださった沖縄の
かたがたの厚いご恩を、
いまは亡き戦友たちと、
かつていくたび語りかわした
ことでございましたろう。
そのご恩に報ゆることも
できず、かけがえのない
信子さん、貞子さんを
亡くしてしまった
あなたさま――その
お詫びの一言を申しあげる
自由をさえ持ち合わさぬ
ただ今の私たち。
顔向けならぬ
相すまなさにもだえる
私たちの心を
よくくんでいただける
ことでございましょうか…

激戦地の跡には、
至る所に遺体が累々《るいるい》と
散乱したままだった。
だが米軍は
遺骨の収拾や慰霊を
一種の抵抗運動と見て、
厳しく禁止していた。
米兵の中には、ジープに
頭蓋骨をぶら下げて走ったり、
自室の机に
ペンキ塗りの頭蓋骨を
飾る者まであった。
姉妹の父・金城和信は、
これを黙視できなかった。
まず遺骨を収拾して
その御霊を祀るのが
生き残った者の
使命であり、
それ以外に
沖縄の復興は
あり得ない。
少しでも米軍に
反抗すれば
問答無用で殺される
こともあり得た
無法状態の中で、
和信は日系二世の米兵を
説得し、米軍当局へ
働きかける努力を
倦《う》まず弛《たゆ》まず続けた。

その思いは通じ、ある日一通の通達が届いた。
「遺体収拾の目的に限りそれを許可する」
協力者を募ると、米軍を恐れて逃げた者もいたが、その日の衣食住にも事欠く中で、100名ほどが集まり、最初に約3000、最終的には3万5000柱に及ぶ遺体を収容した。
沖縄はソロモンやニューギニアとは違う。日本国土だ！
そこに一体の遺骨も野ざらしにされていては相すまぬ！
中には米兵の遺体もあった。戦いが終わった以上、死者には敵も味方もないという考えからだった。
遺骨収拾にはいつも米兵が監視のためついてきていたが、しまいには米兵も黙禱《もくとう》を捧げるようになった。

米軍が許可したのは
遺体収拾のみで、
慰霊は決して許可せず、
不可能と思われていた。
だが、和信には覚悟があった。
自分の責任において、
たとえいかなる
危険があろうとも、
必ず招魂の塔を
作ってお祀りする。
それが生き残った者の
務めだ！
人々は和信を「命知らず」と言い、
「金城和信は大変なことを
しでかした」と非難した。
米軍に任命された
沖縄民政府も、
困ったことをやった
ものだと大変に
気をもんだ。
実際に和信は米兵に
ピストルを突き付けられた
こともあったが、
それでも決して
ひるむことはなかった。
やがてこの信念に
賛同する人々が
現れるようになり、
ついには米軍当局も
折れた。

セメントや鉄骨は
日系二世の米兵が
提供し、
足りない資材は
人々が海岸から
珊瑚礁の石を
運搬して充《あ》てた。
そして昭和21年(1946)2月、
沖縄最初の慰霊塔
「魂魄の塔」は建立されたのだった。
魂魄
不可能だ、命がけだと言われた
慰霊塔建立を実現させたもの、
それはその後も和信が
生涯口癖のように言い続けた
この思いだった。
魂魄
自分は
18万の英霊を
背負っている!

金城夫妻は、せめて信子、貞子の最期の場所だけでもつきとめたいと願っていた。
生存者の案内で草むらをかきわけかきわけ、女子学徒隊がいた壕を探しまわり、やっとのことで壕を見つけることができたが…
壕に入った夫妻は思わず息を飲んだ。
そこには遺骨が散乱し、生徒たちが使っていた筆入れや、万年筆や、モンペの切れ端などが散らばっていた！

信子よ！
貞子よ！
もはやわが子の遺体を確かめることもできない状態だった。
信子よ　貞子よ
いとし子よ
うちつれだちて
いずこへ行きし
戦闘中、娘たちが水を汲んだという井戸にも行ったが…
かなしさのあまり
井戸までかけたれど
水汲みし子の
足跡もなく

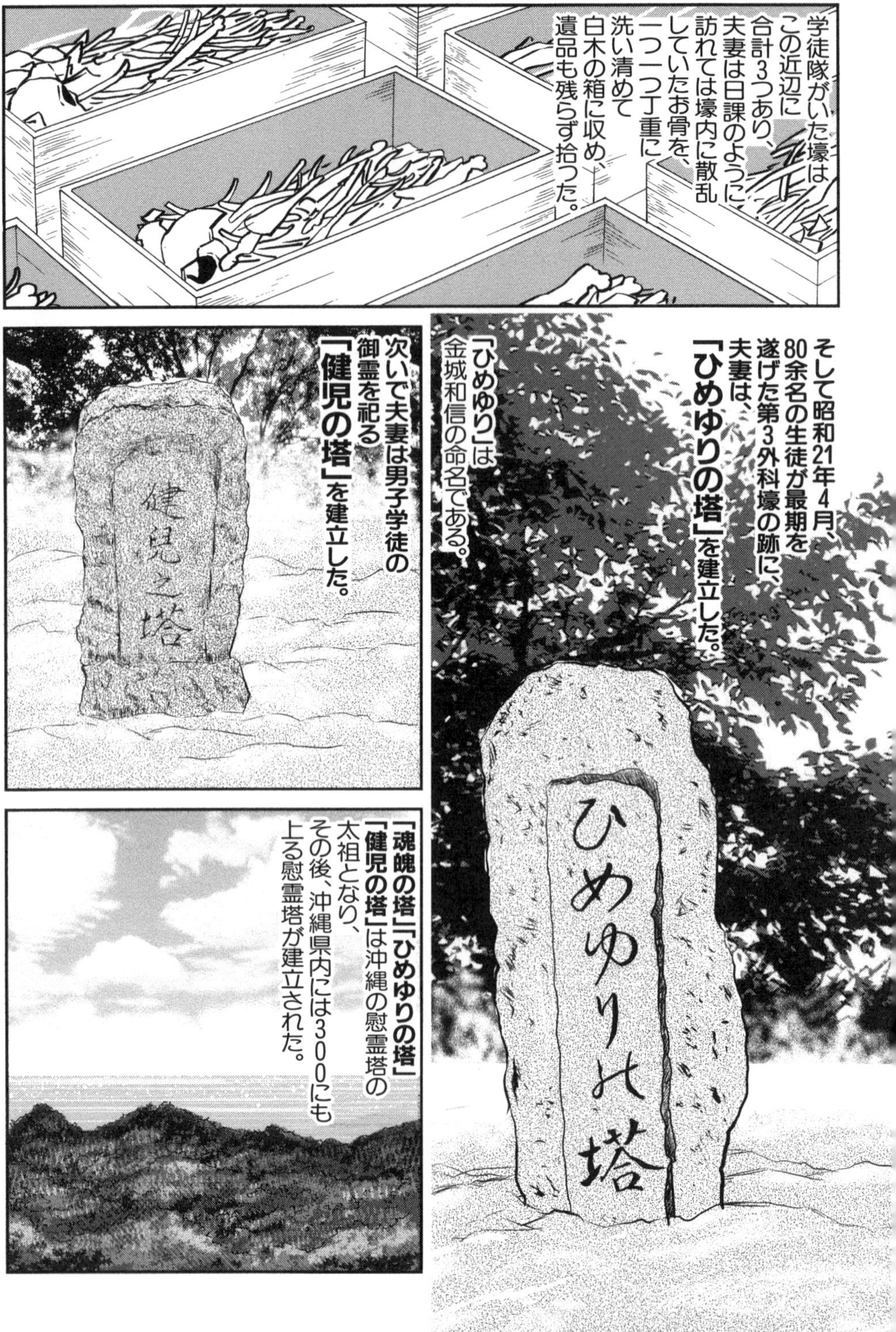
学徒隊がいた壕は
この近辺に
合計3つあり、
夫妻は日課のように
訪れては壕内に散乱
していたお骨を、
一つ一つ丁重に
洗い清めて
白木の箱に収め、
遺品も残らず拾った。
そして昭和21年4月、
80余名の生徒が最期を
遂げた第3外科壕の跡に、
夫妻は、
「ひめゆりの塔」を建立した。
「ひめゆり」は
金城和信の命名である。
ひめゆりの塔
次いで夫妻は男子学徒の
御霊を祀る
「健児の塔」を建立した。
健児之塔
「魂魄の塔」「ひめゆりの塔」
「健児の塔」は沖縄の慰霊塔の
太祖となり、
その後、沖縄県内には300にも
上る慰霊塔が建立された。

やがて、姉妹の最期の
様子も判明した。
ひめゆり学徒の生存者
からの聞き書きに、
次のように
記されていたのだつた。
ある夜(牛島司令官が自刃
されたのち)、女子学徒の中でも
優れて美しく朗らかで、
思いやりが深く、
人々から天使のように
親しまれていた信子、貞子
という姉妹が、
それまで大事に持っていた
風呂敷を開いて、
真新しい制服を身につけた。
姉妹はこの制服を、
あの激しかった
砲煙弾雨の中を
命がけで後退する時にも
手放さずに、沖縄最南端、
米須《こめす》付近の壕に
たどりつくまで
持って来たのであった。
二人はさらに
化粧道具を取り出して、
泥にまみれた顔を直し、
互いに乱れた髪を
すかし合った。
まわりで二人の仕草を
見ていた人たちは、
やっと姉妹の決心が
わかった。

泥に汚れたモンペ姿から、女子学徒の制服をつけた二人の姿は、清浄無垢、崇高なまでに美しく見えた、という。
米軍の艦砲や迫撃砲はいよいよ凄まじく、壕の入口でも度々炸裂した。
岩盤は吹っ飛び、洞窟の奥深くまで振動した。
数日前から壕に馬乗り攻撃をかけ、幾度も爆雷や黄燐弾《おうりんだん》まで叩き込んできた米軍は、その夜も壕の入口近くまで迫って来たらしい。

その時、制服の姉妹は、
みなさん長いこと
お世話になりました。
一足お先に
失礼いたします。
さようなら。
さようなら。
と言ったかと思うと、
堅く手を握り合って、
壕の入口へ向かって
静かに歩きだした。
周りの人たちは、
ただ、ぼんやりと
姉妹を見ていた。
二人は手榴弾を
しっかりと握っていた。

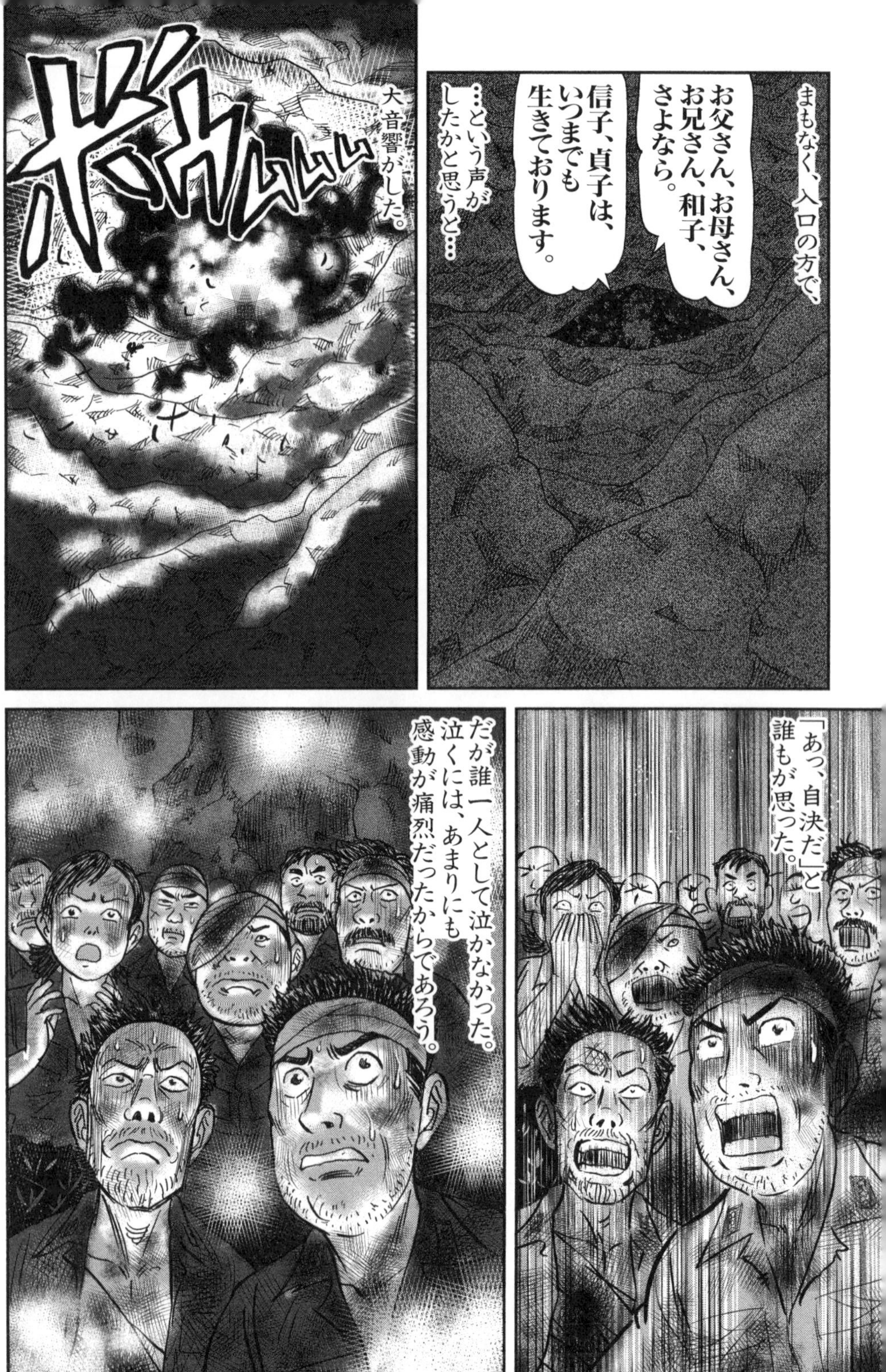
まもなく、入口の方で、
お父さん、お母さん、お兄さん、和子、さよなら。
信子、貞子は、いつまでも生きております。
…という声がしたかと思うと…
ドカーン
大音響がした。
「あっ、自決だ」と誰もが思った。
だが誰一人として泣かなかった。泣くには、あまりにも感動が痛烈だったからであろう。

だが、その後の沖縄戦の語られ方は、夫妻にとって不本意なものへと変質していった。
ふみ夫人の手記には、こんな記述がある。
戦いやんでみれば、世の中は一変してしまい、沖縄は祖国日本から切り離されて、靖国神社をしのぶ人とてもなく…
それどころか「戦争で死んだものは、あやまれる指導者のためにむだ死にをした」とか、「あやまれる軍国主義のために、馬鹿死にをした」などと言われるのを聞いたときの、悲しさ、悔しさ、憤りに、私の胸は張りさけるようで、ほんとうに泣いても泣けない思いをしたことも、幾度かありました。
信子・貞子の兄、金城和彦氏は東京で教師となり、昭和32年（1957）以降毎年、沖縄戦終結の日、6月23日に靖国神社で「殉国沖縄学徒顕彰祭」を行ってきた。

和彦氏は昨年亡くなったが、顕彰祭は引き継がれて開催されている。
わしは雑誌「わしズムVol.24」で生前の和彦氏にインタビューしている。
「ひめゆりの塔」は"慰霊"ではなく"顕彰"の塔である
小林よしのり×金城和彦
和彦氏は、ひめゆり学徒隊に対する「日本軍の犠牲になった悲劇の少女たち」といった語られ方に憤りがあると言い、「慰霊」ではなく「顕彰《けんしょう》」することが重要であると語っていた。
顕彰とは、その功績を讃えること。単に、気の毒な死に方をした人の霊を慰めるというのとは、まったく意味が異なります
本来なら、国が学校教育の場などで沖縄の学徒たちを「日本人の鑑」として顕彰するべきだと私は思いますが、戦後の日本は殉国の魂を失って、自分の権利だけを主張する人間ばかりになってしまいました。
だから、せめて私が微力を尽くして、彼らを讃える場を残していきたいと思っています。

ありし日の
いとし子のこと
しのばれて
呼べどいらへの
なきぞ悲しき
三年まへ
いとし子どちと
つれだちて
歩みし道を
いまは一人で
いとし子は
打ちつれ逝きて
いまはただ
さびしきままに
今日も過ぎしか
ぬかずけば
師の君かこみ
乙女らの
語らふおもかげの
見ゆ壕の中に
子を亡くした親の悲しみが
癒えることはない。
だがその死が
決して無駄ではなかった、
讃えるべき死であったと
顕彰されれば、せめてもの
慰めとなりうるのだ。

ごーまんかましてよかですか？
英霊となった少女たちへの顕彰をさせず、
犠牲者だ、無駄死にだとしてきた戦後の平和主義は、
死者を冒瀆し、遺族を踏みにじるものでしかなかったのである！
私たちの卒業証書は靖国神社の入場券になるのよ！

ゴーマニズム宣言
SPECIAL
新戦争論1
第15章
国民主権なら
徴兵制である

私たちの卒業証書は、靖国神社の入場券になる。
恐るべき言葉である。
戦死することはとっくに覚悟した上で、靖国神社に祀られることを喜んでいるのだ。
10代の少女が！

現代の「反戦平和」と「生命至上主義」の感覚からすれば、違和感があるかもしれない。
本土復帰後の沖縄では、マスコミや教育者が左翼化してしまったので、戦中の学徒隊の感覚も、「皇民化教育」の犠牲者とレッテル貼りして、否定的に語られてしまう。
沖縄戦の悲劇と皇民化教育
だが、命が一番大切と言って「自己犠牲」の精神を否定すると、社会は殺伐としたニヒリズムの人間だらけになる。
関係ねえっす!
おら知ーらね!
勝手に死んでちょ!
川でおぼれる他人を助けるために飛び込んで、自らの命を失った者に対して、「命を粗末にするな」「無駄死にだ」「犬死にだ」とは、簡単には言えまい。
線路上で転んだ老人を助けようとして、自分が轢《ひ》かれた女性がいた。
ホームから落ちた日本人を助けようとして死んだ韓国人がいた。

水泳選手でも、おぼれる者を助けるのは危険だと言っていたから、まともに泳げないわしには救出はムリだし…
プァ
電車に轢かれる覚悟で他人を助ける勇気もない。
だが、そういう場面で見て見ぬふりもできないし…
命は大切だ！
犬死にはイヤだ！
…と言って無視することもできない。
他人を助けるために自己犠牲を顧みない者は凄い。尊敬する。
だが、わしは自己犠牲なら何でも評価するわけでもない。
守ったものが命を投げ出すほどの価値があるかどうかも考えてしまうのだ。
例えば、自殺目的の人を救出して、自分が死んだ場合はどうだろう？
プァァァ
生きる気力も失った老人を助けるために、生命力あふれる若者が死ぬ必要があるだろうか？

自殺者や酔っぱらいや老人を助けるために、死んでしまった若者がいたとしたら、
そんな優しい若者が犠牲になるのは、あまりにも、もったいない。
では、学徒隊の少女が死を覚悟して守ろうとしたものは「国」だが、「国」にそれだけの価値があるだろうか?!
中国に侵略されたチベットやウイグルの「民族浄化」の恐ろしさを知れば、やはり「国」は命がけで守る価値があると、わしは断言する。
弾圧されるチベット人
焼身自殺で抗議するチベット僧
チベット人への拷問
漢族に職を奪われたチベット人
ヒマラヤを越えて逃げるチベット人
ホロコーストを経験して、聖書の約束の地に「国」を作ったユダヤ人を見ても、「国」のために死ぬのは価値あることだと思う。
トルコ
シリア
レバノン
イラク
イスラエル
パレスチナ
ヨルダン
エジプト
サウジアラビア

日本の戦前戦中までは、
国のために死ぬことの価値を
知っている少年・少女がいた！
学徒隊は軍人ではない。
一般国民なのに軍人と共に
国を守ることを
誇りと思っていた。
学徒隊の純粋さは
「国民の手本」であると
言ってもいいだろう。
さて翻って現代である。
社民党が集団的自衛権に
反対するために、
こんなポスターを作った。
「あの日から、パパは帰ってこなかった」
こんな未来はあまりにも悲しい
今、集団的自衛権にNOを。
社民党
するとこれに自称保守&ネトウヨが噛みついたのだ。
自衛隊の家族を脅すとは何ごとだ!?
これは違うのではないか？
元々、自衛官は「事に臨んでは危険を顧みず」という服務の宣誓をしている。家族も覚悟していれば、こんなポスターに動揺はしない。
自衛官の戦死にリアリティーを感じ始めたから、自称保守&ネトウヨは、このポスターに動揺している。
タカ派発言ばかり楽しんでいるくせに、自衛官の「戦死」から目を逸らす自称保守&ネトウヨは欺瞞的である！

さらに自称保守&ネトウヨの
奇妙なことは、
「徴兵制」の可能性を
躍起になって否定するのだ！
集団的自衛権
あり得ない徴兵制
兵器高度化 短期間で習熟不可能
集団的自衛権の行使で
志願者が減ったら、
その先には「徴兵制」も
あり得るという
左翼&リベラル側からの
警告に対して、
自称保守&ネトウヨは、
「徴兵制は合理的では
ない」と反論する。
憲法違反だからできない！
話が飛びすぎ！
徴兵制は100%ない！
バカが入ってくるとじゃまになるだろうがっ！
各国は徴兵制をなくしてるんだぞー！
徴兵制はコストがかかるじゃないかー！
現代の戦争はハイテク化してるので頭良くないと使いものにならんのじゃや〜〜〜い！
だが、自衛隊の募集ポスターが
「萌えキャラ」まで使って、
危険性を消去したカワイイ職場だと
だまして人集めしてる様子を見れば、
応募が減ることもあり得ると
考えておくべきだ。
萌える就職先
ましてや自衛官が
棺に入って帰国するような
ことは、「集団的自衛権」行使で
あり得るし、
憲法改正して、
将来的に日本が戦争もできる
「普通の国」になれば、
大いにあることだ。
あるいは、アメリカのように
日本が超格差社会になれば、
「徴兵制」がなくても、
貧困層が志願するように
なるかもしれないが…。

▲産経新聞2014年8月2日

だとしても、自称保守が「徴兵制は絶対ない」と言って、国民を安心させるのは、おかしい。
自称保守&ネトウヨはこう考えているのだろう。
志願した自衛官だけが死ぬのである！
我々には関係がない！
我々は安全圏からタカ派発言を楽しんでいるだけでいい！
あまりにも当事者意識がない。
日本国憲法には、主権は国民にあると書いてある。
「国民主権」ならば、国を守る主体が本来、国民にあるとするのが当然である！
徴兵制が不合理であるという理屈など、いくらでもひねり出せるだろう。
そして、現実に人が集まらなくなれば、それはすぐ崩壊する。
今の日本人は、右派から左派まで「国民意識」があまりにも薄いからだ！
学徒隊の少女ならこう言うだろう。
怖がらないでください。
喜んでください。
お国のために戦って靖国の英霊になれるんです。

第二次大戦中は、
少女ですら、
国家国民のために
死を覚悟していたのだ。
あの少女たちから、
徴兵制を否定する
今の自称保守&ネトウヨは、
「ヘタレ」と言われても
仕方がない。

ごーまんかまして
よかですか?
徴兵制は単に
合理性の問題ではない。
ネットという
バーチャルな世界で、
匿名でタカ派発言を
する者たちを、
戦場という
リアルな世界に
引っ張り出して、
当事者意識のある
「国民」を育てるために、
徴兵制は必要なのだ!

【特別対談】

靖國神社と武士の魂

堀辺正史×小林よしのり

靖國問題を巡る状況は大きく変わっている

小林　わしは昨今の自称保守派が語る「靖國論」に強い違和感があったので、靖國問題が現状どうなっているのかを明らかにしようと、『保守も知らない靖国神社』（ベスト新書）を上梓しました。

堀辺　この本を読んでいくつか印象に残ったことがあります。

まず一つは、**靖國問題というのはもはや国内一国の問題ではないということです。**

特に、以前は国内問題であった慰安婦問題が、10年経《た》ち靖國を巡る状況が変わって、国内だけでなく国外も巻き込んだ、内外の問題に変化している、という観点から説明されていますね。

小林　昔は、中国・韓国が反発するくらいの話、しかもその反発すら日本の左翼が仕掛けたものという図式があって、精々、日中韓の三国ぐらいの話でしたが、情報のグローバル化によって、日本で騒げば騒ぐほど外に広がってしまう。首相が参拝するとなれば、マスコミがヘリコプターで追いかけていって大騒ぎ状態になりますからね。

堀辺　「私的か公式参拝か」とか、行くたびに聞きますしね。

小林　そのことが海外に発信されるものだから、アメリカもヨーロッパも関心を持つ状態になってしまっている。

堀辺　メディアの発し方というのも偏っていて、普段の靖國神社の様子は流さないで8月15日のような特別な日の、旧軍の格好をしている人たちがラッパ吹いてウロウロしているとか、そういうところだけを報道する。そのために、なおさら「日本はまだこういうことをやっているのか」と誤解が広がる。

小林　排外主義者の集団や、右派運動家の草刈り場になっていて、海外からはネオナチみたいな連中が集う場に見えてしまうんですよね。わしはそういう8月15日には絶対に行きたくない。もっと穏やかで静かな時にそっと行く方がいいから8月15日は避けるんだけど、世間では8月15日は終戦の日だから、やっぱり特別な感慨があって、靖國神社に関心が集中するんですよね。

ただそれでも首相は8月15日には靖國参拝しない、逃げるわけです。それでなるべく話題にならないような日、12月の年の瀬が押し迫ってきてニュース番組なども段々なくなってきたような時に、急に行ってみたりする。

堀辺　まさに機を窺《うかが》って、メディアに叩かれないようなチャンスを待って姑息《こそく》に参拝する。

小林　以前は8月15日を1日ずらすかずらさないかの話でも大きな問題になっていたんですよ。自称保守派の中にも、1日ずらしただけで「中韓に屈した」と叩く奴はいたんです。ところが今はもう、年の瀬が押し迫った頃に行っても、みんな万歳と言っている。そこはかなり意識が妥協的に変化してきている。

それから、安倍が２０１３年末に参拝した際、アメリカが「失望した」と言ったんですが、自民党の政治家や自称保守の側はそれが信じられないんです。

堀辺　状況が根本的に変わったということを彼らは薄々も感じていない。参拝すれば保守なんだと。参拝の論理とか、英霊に対する心持ちまでは分析しないで、ただ参拝すればいいじゃないかという短絡したものに陥っている。

小林　だから「不戦の誓い」と安倍首相が言っても、全然問題にしないんです。

靖國は顕彰の場である

堀辺　「不戦の誓い」、これも問題です。

この本を読んで印象に残ったことの二つ目ですが、**靖國神社に行って英霊を前にして「不戦の誓い」をする、このこと自体が靖國神社の本質というものを理解していないということで、私は非常に不愉快に思っていたわけです。**

堀辺正史 × 小林よしのり

靖國は、海外からは「ネオナチみたいな連中が集う場」に見えてしまっている。

これはこの「靖國論」というものを考える時に明らかにしなければならない大事な点ですね。

小林　**「二度とふたたび戦争の惨禍によって人々が苦しむことのない時代をつくるとの決意を込めて不戦の誓いをした」**と言っていますが、**まるで先の戦争は「日本が起こした」という話になっている。**

堀辺　「日本が起こした戦争で、日本がいなければ先の大戦もなかった」と、そういうメッセージを引き出してしまう。

もう一つは、「反省をする」ということは普通の一般社会では良いこととして認められていますけど、英霊に対する言葉ではないです。「不戦の誓い」をして「慰霊」した、これでは靖國の英霊に応えたことにはならない。

この本の帯にも書かれていますけれども、**靖國とは「顕彰」する場です。**この「顕彰」の意味を考えなければ靖國問題は摑んだことにはならない。

小林　要するに「英霊」というのはヒーローですからね。素晴らしいことをやってくれた、という話ですから。だから根本的に、日本と戦ったアメリカが靖國神社を好む

メディアも普段の様子を流さず、8月15日、軍服を着た人がウロウロするところだけを報道しますね。

はずがないんですよ。だからアメリカは「失望した」って言うのに、「あれは翻訳の間違いだ」とか「失望したとか大した意味ではない」等と、保守派は否定しにかかっているんです。でも、当たり前じゃないですか。アメリカは日本の首相が靖國参拝をして喜ぶはずがない。

堀辺　この本の中でも一人紹介していましたけれど、ルバング島で30年間戦い続けた小野田元少尉が、当時の首相・小泉が靖國参拝した際に言った「心ならずも戦死した方々」という言葉に憤って、「それはないだろう」「そういう気持ちで行った若者は一人もいない」と、はっきりと抗議という形で発言されましたよね。あのように怒りを感ずるというのが、当時の日本人、そして靖國に祀《まつ》られている人たちの実相であったということを忘れてはいけない。

小林　「心ならずも行ったんじゃない」「自分が国を守ってやる、という気持ちで行ったんだ」と。自分の主体性がちゃんとあるんだということを小野田さんは思っているわけですね。

武士の魂が顕彰を求めた

堀辺　一部の左翼系統の人たちは昔から、「靖國神社というのは異質な神社であって、伝統的な神社ではない」と言いますよね。つまり「近代国家、国民国家というものが形成される過程の中で『顕彰』というものをやらざるを得なくなったので招魂社ができた」という捉え方をする。
　これは一部、正しいんです。しかし、彼らは「近代国家＝軍国主義日本」という捉え方をしていて、「軍国主義者を養成するための装置として靖國は造られた」という二段目の展開のところで大きな間違いをしているんです。
　そもそも「招魂社」というのは靖國、東京だけでできたのではないという事実を覚えておかなければいけない。幕末以来の王政維新を望む志士たちが様々な戦いをして、最終的には戊辰《ぼしん》戦争という形になった。そこでも戦死者が出たし、それ以前にも京都で暗殺されてしまった人もいる。そうした戦死者を祀ろうということで、当時は藩というものが残っていましたから、藩で招魂社が造られました。それが東京でも戊辰戦争後に招魂社という形になって、祀ろうということになったんです。
　では、**その「祀ろう」という感覚がどこから出てきたかと言うと、それはまさに武士の発生以来、幕末までの武士たちの持っている魂がそれを求めたんです。**

小林　武士の魂が求めた……。

堀辺　どういうことかと言いますと、古い『平家物語』や『源平盛衰記』とかを見るとわかりますが、武士たちには「**命を惜しむな。名こそ惜しけれ**」「**人は一代、名は末代**」といった価値観がありました。
　例えば、源平合戦の中でこんな話があります。義経が弓の名士に狙いを定められて、命を落とす寸前までに矢が飛んできた時、ある武士が義経の前にパッと立ちはだかって盾になり、矢を受けたんです。そして死ぬ間際に、義経の胸に抱かれながら「一命を賭して守ることができたこと、私のような武士がいたことを末代までも語り継いでください」と言うわけです。

犠牲的な行為をして早く死んでしまったとしても、こんな素晴らしい人間がいたんだということを末代までも語り継いで欲しい、それ以外望むところは何もない……これは武士の共通の願いでした。

こうした精神というのは武士たちの間で受け継がれ、幕末の志士の中にも遺伝子として繋がってきたんです。

例えば吉田松陰は、幕府に捕まって刑死しましたが、死ぬ間際に彼が望んでいたことは何かというと「永遠を生きる」ということだった。人は一代限りだけれど、自分の同胞や国の将来にわたってプラスになるようなことを、自分の命と引き換えに敢えてするのだと。幕末の志士たちも「人は一代、名こそ惜しけれ」という感覚を共有していたんですね。

その上で生き残った志士たちは、死んでしまった志士たちの本望を叶《かな》えようとした。君たちが命を捧《ささ》げたことによって近代日本、明治維新が出来上がったのだから、我々はそれを顕彰します、という感覚でいたわけです。

武士の「人は一代、名は末代」という感覚、あるいは吉田松陰の「永遠を生きる」ということ、これが「顕彰」ということの意味なんです。

小林　感動的な話だな〜。なるほど、これではっきりわかった。実はわしもまだ、そのところが曖昧《あいまい》模糊《もこ》としていたんです。安倍首相や、いわゆる自称保守・ネトウヨなど靖國に集まってくる人間の参拝の態度とか心構えが、根本的に何かが違うというのはわかっていたわけです。

でも、靖國神社は近代に生まれた神社だから、確かに設計主義的な匂いがするな、というふうにも思っていたんです。

堀辺　左翼はそこを強調しているわけです。私からいうと、それはまったく日本史というものを見落としている。近代における「顕彰」という言葉は新しいけれども、顕彰しようとする慣行は、武士道という名前がつく以前から、武士たちの間では行われてきたんです。

小林　なるほど。武士の魂はそのように祀るべきだ、という観念がずっと続いてきて、しかもそれは「命を惜しまない」という感覚と一体なんだと。だからこそ「不戦の誓い」とか言ってしまったら、すべてがパアになってしまう。

堀辺　死者に対して、武士でない者が舐《な》めて後から言うようなものです。先ほど話した義経を守るために自分が盾になって死んだ武士にしてみれば「それは違う、俺はそんなことのために死んだんじゃない」と言いたいでしょう。「できたら、君たちも私のようになってくれ」ということですから。

小林　「戦ってくれ。そして名を遺《のこ》してくれ」ということですからね。**靖國神社には祀られている人の名前が全部残っています。あれはやはり「名を遺す」ということですね**。千鳥ヶ淵になると名が残っていないから、そこが違ってくる。武士道とは関係ない。

堀辺　名が残っていなかったら顕彰しようがないんです。氏の名とか、家の名とか、その個人の名前とかを永遠に記憶して、素晴らしかったということを具体的に褒め称《たた》えるということができないわけですよ。

小林　結局、アメリカが千鳥ヶ淵だったらよいというのは当然なんですね。戦ったことに対する最大の顕彰というものが、あそこにあるわけじゃないですから。

靖國に「国民国家」を見た若き日の周恩来

堀辺 もう一つ顕彰ということに関して私が思い浮かべるのは、中国の周恩来です。彼が日本に留学していた時、靖國神社の祭典に行ったんです。そして靖國神社には戦死した人が祀られていて、天皇が来られて、顕彰するということを知って、とても感動したんです。

小林 なるほど。周恩来は頭が良いからな。あの頃の中国の指導者はもうちょっとマシでしたからね。

堀辺 彼はあそこに何を見たのか。ここでこの本で印象に残ったことの三つ目に入りたいと思います。この本の中で『「国民国家は発明したものだ』『一つのフィクションだ』という人もいるが」といったことを小林さんも書いていましたよね。

近代国家というものは、確かにそういうふうに言えるかもしれない。**しかし、国民国家を超えるフィクションというものが生まれない限りは、「国民国家」が究極の「公」なんです。**地球上の人々にとって、それぞれの「国民国家」が「公」である限り、この靖國神社のありようというのは最高の国民国家の本質を体現している。

私は、周恩来はその点をはっきりと摑んだのだと思います。躍進を遂げる日本と、うまくいっていない自分の祖国を比較した時に、**若き日の周恩来は靖國神社に国民国家というものを見たのではないか。**

小林 中国はいまだに国民国家じゃないですもんね。

堀辺 「いや国民国家が最終じゃないんだ」と言って否定する人もいますが、私は今の国際環境を見ていて、国民国家を超えるものが生まれているとは思えないです。それが本当に現実のものとなるのならば、靖國神社がなくなる日もくるかもしれません。でもそれは望めないですよ。

小林 望めないですね。国民国家を超える世界国家的なものの幻想は、ますます崩れていく一方ですよ。

堀辺 逆のことを言うと、**安倍が靖國神社に行って「不戦の誓い」をするというのは、国民国家というものを自ら崩しにいっているということ**ですよ。「日本を取り戻す」と言っている人たちが、「不戦の誓い」をする。これが何かというと、国を守った英霊に心が向かっているのではなくて、靖國的なものに対して脅威とか不安を感じている諸外国の目線を意識して、そちらに向けて発言しているということです。

だから参拝という行為そのものと、「不戦の誓い」「慰霊のために」と言う彼らの言葉は矛盾している。だから、どんなに「慰霊」「敬意を表するために」などと言っても、インチキくさいと思われてしまうんです。

小林 **ある意味、アメリカも中国も韓国もどこもそうですけど、靖國神社を怖がっているんですよね。国民国家を強化するもので、しかも伝統的にできあがってしまった武士の魂の集結である靖國神社というものを怖がっている。**もし首相から国民皆が「顕彰」という真っ当な方法で参拝するようになってしまったら、これは恐ろしいことだと。

わしは、だからこそ靖國神社は絶対に大切だ、必要だと思うんです。靖國神社を形骸化させようとしている人間ばかりだ、と感じて腹が立つわけです。

靖國とは目に見える国体である

堀辺　ここで四つ目に入りますが、靖國神社は私の言葉で言うと次のようになるわけです。

「皇室」と「武士」という日本を代表する二つの単語を、戦時中、アメリカで敵国である日本人の気質を研究したベネディクトが「菊と刀」という形で表現しました。彼女の鋭さを私は認めます。日本の伝統を代表するものはまさに「菊と刀」なんです。

近代の明治維新というのは、その誇るべき「菊と刀」が一緒になったんですね。**だから近代の国体というのは明らかに「菊と刀」の結合、そして、それを最も象徴的に表しているものが靖國神社なんです。**よく「装置」という言葉を左翼が使いますが、「装置」という言葉で表すのならば、「国体の装置」だと言えます。靖國神社が形骸化するということは、日本の国体が形骸化するということと同じなんです。

小林　**本来首相は、「日本は独立国家である」ということを示すために靖國神社に参らなければならないわけですよね。**アメリカや中国などの戦勝国は、日本が国家で在らしめることを何とかして妨害しようと狙っているわけだから、靖國神社に行くということは究極的にいえば、戦勝国と対決するということでしょう。

堀辺　**そこにも戦いがあるのだから、勝算あるいは展望を理解しないで行くということ自体が政治家としても失格です。**それに日本がそういう厳しい状況に置かれているならば、武力行使に限った話ではなく、色々な形の戦いをしなければならないんです。それを理解しているのなら、ああいう安易な参拝には繫がらないんですよ。

アメリカも中国も、
ある意味、怖がっている。
武士の魂の集結であり、
かつ国民国家を強化する
装置である靖國を。

小林　なおかつ、国の内側、つまり青少年に向かって「不戦の誓い」とか、そんな曖昧なことを言ってはいけない。**やはり青少年に向かっては「あそこには我々の英雄がいる。あそこに武士たちの魂がある。それを私は称えに行きたい」って言わないと!**

堀辺　それが言えないのならば、行っても意味がない。ただ参拝するだけでは批判されるだけであって、国内に対しても何も良いことはないんですよ。過去のような中途半端な参拝を繰り返していれば、国家の主体性そのものすら揺らぐわけです。

小林　首相は教育しなきゃだめですよ。靖國に行ってマイクを突き付けられたら、ちゃんと国民を教化しないと意味がない。

堀辺　この本の中でも英霊たちの遺書がいくつか紹介されていて、そこには「**泣かないでください。褒めてください**」と書かれてありますが、これはまさに武士の「**名こそ惜しけれ**」という感覚です。**私が凛々《りり》しく戦ったこと、共同体のために戦ったこと、そのことを忘れないでください、褒めてください、伝えてくださいってことで**

靖國神社へ行って「不戦の誓い」をするのは国民国家を自ら崩しにいっているということです。

すよね。

そして同時に、この人たちが若い身空で死んで行かなければならないという葛藤があって、その葛藤の上に自分に打ち勝ってやった行為だ、という部分の理解も十分した上で若い人たちに教えていかなければ、人間性というものが育たないですよ。

小林　今の自称保守やネトウヨ連中は、行けばいいと思っている。けれども、わしは参拝した後の言葉が問題だと思うんです。行くだけだったら、例えば鳩山由紀夫が行ったっていいという話になりますから。鳩山由紀夫が靖國参拝したら、それだけで保守認定できますか？そんなバカな話はないでしょう。

ただし、もし鳩山由紀夫が、わしや堀辺さんの主張を全て理解して、その上で靖國参拝してマイクを向けられた時に、「**私はあの英雄たちを顕彰しに参りました。国家が崩壊しないためには靖國神社はどうしても必要であります**」って言ってしまったら、大変なことになりますよ！（笑）　完全に目覚めちゃってるでしょ、こっちの方が！　という話になりますからね。

だからやっぱり言葉が重要なんですよ。喋り方、ロジックを見ていればわかりますから。ただし、海外に対して絶対に軋轢《あつれき》を生むことは間違いない言葉にはなる。それを政治家として、どのようにうまくやっていくかということも含めて、練り込んだ言葉を発するしかない。

堀辺　「日本を取り戻す」と言うのならば、靖國神社の存在を世界の人々にどう理解させていくかというのは、予算をつけてでも取り組むべき重大な問題なんです。

小林　結局、「国家」というものの必要性から唱えなければならないわけだから、自分の精神がグローバリストだったら説明できない。だから堀辺さんが言うとおり、これは官僚も全部巻き込んでやらなければいけないことですね。

今の政権や自称保守派はそういうことを全く理解していない。中国・韓国が反発する神社だ、だからいいんだ、だからざまあみろという快感を感じるんだと、そういう話ですから。ところがアメリカは怒らないだろうと思っていたら、アメリカまで怒り始めた。そうなってくると動揺が走るわけです。「おかしいな〜、中国・韓国が怒ることには快感をおぼえたけど、アメリカが怒ると何だか恐怖なんだよな〜」って、そういう状態になってしまっている。

賜った「一箇所」の領地を命懸けで守った武士の「一所懸命」

堀辺　何故そうなるかというと、真の武士の魂というのがわかっていないからですよ。

武士の魂で大切なことのもう一つは「**一所懸命**」です。昔の武士たちは、源氏や平氏のように領地争いをした一所懸命でした。小さな所に命を賭けていた。しかし幕末では、皇国日本というものの独立に命を賭けることが、当時の武士にとっての一所懸命だったわけです。国体というものに目覚めた武士たちがいた。靖國神社を起源に遡《さかのぼ》って別な言葉で名づければ「**日本独立記念神社**」なんですね。

小林　今の総理や保守派に、その「独立精神」があるのか？

堀辺　尖閣諸島がきな臭いから「アメリカ様、やってくれますよね」ではなくて、「我々の国の領土は我々で守ります」「**かつて靖國の英霊たちがしてくれたように、我々だって自分たちの力で守ります**」と言うべきです。そして、そのために必要な具体的な方策を国民に明示して一所懸命を果たすべきなのに、靖國参拝しておきながら「不戦の誓い」をして「自分たちは守らない」「戦になったら逃げる」「アメリカさん来てくださいね」と言っている。アメリカからすれば当事者である日本人が死ぬ気がない領土を、どうしてアメリカの青年に血を流させることが可能になるのか。

小林　集団的自衛権行使の問題で説明するときにも同じです。例えば、「韓国にいる邦人を米艦が救出する。その米艦を自衛隊が守るために集団的自衛権の行使が必要だ」と言うんです。そんなバカな話があるか？　わしは「チンプンカンプンだな」って思ったんですよ。日本がアメリカの艦船を守れるほど強いなら、自力で邦人を韓国から救出すればよい話でしょ。そしてそれは個別的自衛権の話なんです。まずは個別的自衛権でやれる範囲のことをやるべきでしょう。

堀辺　自分たちが個別的自衛権でやれる努力をしないで、危ないからといって安易に集団的自衛権を持ち出してくる。そして、それによって日本が望まない戦争に巻き込まれる可能性を自ら作り出している。

小林　日露戦争以降、イスラム国家では日本に対する尊敬心があって、今もずっと引き継がれているから親日的です。それは日露戦争を戦った祖先たちが遺してくれた有難い財産じゃないですか。それを反日にしてしまったら非常にマズイ。意味のない戦争をして、自国のためには戦わないという話になってくるから、無茶苦茶ですよ。

堀辺　小林さんが「自称保守」って「保守」に「自称」をつけている意味、そのイライラがよくわかります。保守が保守として存在していたら、そういう考え、政策、方向性というのはありえない。票田が欲しくて保守を自称しているだけだから、そうならざるを得ないんです。

小林　集団的自衛権に賛成している人間は「中国が怖いからアメリカに守ってもらわないと仕方がない」とも言うんだけれど、ただ単純に「自分で守る」という普通のことすら通じない。

左翼だって一緒なんです。個別的自衛権をとことん強化して行って、その上で今の憲法が法的にもたないということならば憲法改正すればよい、というのがわしの考えですが、**集団的自衛権に反対している左翼の連中も、結局は自称保守と同じで米軍に頼っている**わけです。下心はそこにある。

堀辺　自称保守と左翼というのは、違ったことを言っているようだけれども、その一番下の鍋底のところは同じで、アメリカという大国の庇護のもとで自分の意見を言ってゴチャゴチャ内部争いをしている。自称保守も左派も平和ボケしているんですね。

武士の個人主義、足軽の集団主義

小林　近代合理主義を突き詰めていくと、結局は命が惜しくなってしまうんです。政治家はよく「国民の生命・財産」と言いますが、「国民の生命・財産が惜しい」という話になったら、やっぱり自分では戦わないですよ。命が惜しいから、「誰かに守ってもらった方がよい」となってしまう。

堀辺　個人主義というものが先にあるのか、一種の集団主義というのが先にあるのか、ということが大きな問題になるんです。

例えばまた武士の話になりますが、**源平合戦の頃から鎌倉幕府ができた頃までの主従関係というのは、武士同士の主従といっても、それぞれ自分で土地を持って経済力があって、自分の費用でもって鎧《よろい》兜《かぶと》や馬などを用意した同士の主従関係なんです。侵し侵されないという「自主独立」の武士同士が同盟を結んだのが鎌倉幕府なんです。**

ところが応仁の乱になってくると、戦争が拡大していって、そういう連中同士ではお互い戦力が足りなくなった。**そこで独立している武士以外の人間、「傭兵」を雇うようになった。それが足軽なんです。**普段は農作業している人間を臨時で、戦争の時だけ足軽にして引っ張ってきて、なにがしかの褒美を与えたり、「乱取り」という形で報酬を与えた。そういう風にして武士の世界が二つに分かれたんですね。その二重構造で、戦国時代まで突入していくんです。

小林　武士の世界が二重構造に。

堀辺　**昔ながらの騎馬武者、土地を持っていて何もかも自費でやっていた連中というのはある意味で、ものすごく個人主義的なんです。**西洋人もビックリするぐらいの、個人的パフォーマンスというものを重んずる人間で、個性というものが武士の世界に普及された。自分の才能、決断を発揮する場というのが戦場の中にあったわけです。

一方で傭兵的に武士になった連中というのは、自分の個性を発揮し手柄を立てるということが、そもそもできないような戦争の仕方の中に追い込まれるんです。例えば足軽だったら、５ｍ・６ｍという長い槍《やり》を持たされて横並びになって戦わせられるから、個人の強さを発揮する場所なんてない。

このように**武士道の中には、個人で引き受けて、個人で何かをして、個人で始末をつけるという個人主義がある一方で、傭兵のように命令通りに動くという集団主義がある。**だから日本人の性格の中には、この二つが混在するようになったんです。

現代社会を見ても似たようなことがありますよね。社長の命令一下、言われた通り集団で規律を重んじて大人しく働く人たちと、個人的に創意工夫をして自分自身で責任を取るという人たちがいる。

小林 なるほどねー。いわゆる保守論壇とかも、みんな集団主義ばかりだから、それに違和感を覚えるわし自身は、白人みたいな精神構造なのかなって思ってましたよ（笑）。

堀辺 違うんですよ。日本の武士にもそういう個人主義があった。西郷隆盛も頭山満《とうやまみつる》も後藤又兵衛も、英雄豪傑っていうのはみんな個人主義なんです。自分の考えが世間と違っていても己の信念に従って行動する、もし間違っていたら首でもなんでも差し上げましょう、というように全部、自分の決意決断によって行動し、その結果は自分が全部責任を取る。

小林 だから頭山満はあの言葉を言うんですね、「**一人でいて淋しくない人間になれ**」と。

堀辺 それが上級武士の流れを汲《く》んだものなんです。武士の中の武士というのは「一人でいても淋しくない人間であれ」という個人主義なんです。

『大東亜論』（小学館）では、自由民権運動や玄洋社の歴史というのが非常に面白く描かれていて驚いたんですが、ここに描かれているのは、まさに個人主義型の武士の精神を引き継いだ人たちの物語ですね。「**頭数ではない**」と言うでしょう。

小林 そうそう！ 彼らは「頭数の人間か、お前は」というふうに言われた時に、ものすごい屈辱を感じるんですよ。

堀辺 その感覚が伝統的な武士の個人主義なんです。**武士型個人主義**というものが存在する。それは数の上では少ないけれども、この人たちが明治維新を達成し、近代日本の色んな分野で生き通して、日本を世界に冠たる国にしようと奮戦努力してきたわけです。

日本人というのは「和の主義だ」「集団主義だ」と言われる一方、周りからどんなに叩かれても自分が正しいと思ったことを貫く「個人」が点在してきたんです。

小林 じゃあ現在の自称保守派は、**足軽型集団主義**だね。

堀辺 そうです。そして、傭兵というのは権力に雇われるんです。自称保守って大体権力に雇われていますよね。

小林 本当だね！（笑） なんでこんなに安倍政権に協力するのかって不思議に思っていたんですよ。

堀辺 権力にとっては都合が良いでしょ、足軽的精神って。経済力や強い力を持つ権力者から発せられたものには何でも、たとえ恥ずかしいことでも「はい、左様でございます」って従うのが傭兵の立場ですから。

小林 まったくその通りですね。わしは公の体現者たる天皇陛下だったら、従わざるを得ないと思うけれど、権力者には全然従う気はないっていう感覚になるんです。

堀辺 それが本当の武士ですよ。武士型個人主義の武士同士になった時には、相手が十万石で自分が三万石ぐらいの差があっても、変な態度や失礼な言動をされると猛然と反発するんです。だから、武士型個人主義というのは、相手の尊厳を侵さないような接し方というのを文化の中に育んできて、ちゃんと会得している。

頭山満も、ある所では恐れられ、ある所では「頭様は優しい」と言われるじゃないですか。そういうメンタリティーというのは、まさに武士型個人主義から出てきた遺産なんです。怖い存在、戦う男であると同時に、真に戦う人間に対しては敬意を表する。戦う者同士として、尊厳を認め合うというような配慮、気遣い、そういうものを十分に持った者であって、単なる弱肉強食的な精神ではないというのが日本の武士の、武士たる所以《ゆえん》なんです。

小林　明治または、大東亜戦争が終わる辺りまでは武士の影響力が残っているんですよね。そこを、もう一回甦《よみがえ》らせないといけない。

堀辺　そうしないと日本が立ちいかないですよ。そういう男たちの生き様、「武士の魂」をどうやって再生産できるかということが、今後の日本を考える上で重要な点だと思います。

小林　今日はとても勉強になりました。やはり「武士道」、そこに何度も何度も立ち返らないといけないですね。

堀辺正史（ほりべせいし）
昭和十六（一九四一）年、水戸市生まれ。武道家、日本武道傳骨法創始師範。
昭和五十一（一九七六）年、東京・東中野に、日本最古の拳法である骨法の道場を開く。
格闘技界のご意見番として知られ、アントニオ猪木、獣神サンダー・ライガー、
船木誠勝など名だたるプロレスラーが堀辺氏の道場の門を叩いた。

ゴーマニズム宣言
SPECIAL
新戦争論1
第16章
戦争の悲惨を知った上での覚悟

「国のため」と純粋に信じて日本軍と共に戦い、散っていった沖縄の学徒隊の純粋さをいくら称《たた》えても、沖縄の世論が左翼化していることもあり、「国の犠牲になった」と思う県民は多いだろう。
「軍に裏切られた」
伝令・伝令で玉砕暗示
住民 心底から怒り
沖縄戦
日本軍の法的責任
人道に対する罪に該当
組織的、政策的な加害行為
戦争には、「被害」の側面と、「加害」の側面と、「栄誉」の側面が交錯している。
人びとはこれらを全面的に見ようと努力しているだろうか？
被害の側面だけしか見ない者、加害の側面だけしか見ない者、栄誉の側面だけしか見ない者が、実に多い。
偏り過ぎている。

戦争マラリア

沖縄戦末期の昭和20年（1945）6月から翌年にかけ、石垣島を中心とする八重山諸島でマラリアが大流行し、住民約3万1000人のうち約3600人もの死者を出した。
戦争に伴う惨禍として「戦争マラリア」と呼ばれる。
沖縄本島の戦闘が終戦に近づき、次に米軍は八重山諸島に上陸すると見られたため、かねてからの計画に基づき、八重山旅団は戦闘が予想される地域から住民を疎開させた。
八重山諸島
与那国島
鳩間島
石垣島
小浜島
竹富島
西表島
黒島
新城島
だが、その疎開先として指定された地域は、マラリア発生地域として古くから恐れられていた地域で、にも拘らず、予防措置等はとられていなかった。
住民の「避難所」は不衛生で医療物資も欠乏、栄養不良という最悪の環境で、1週間後にはマラリアが発生、以後、爆発的な流行を起こし、地獄絵図となっていった。

結局、米軍の上陸はなく、八重山諸島では空襲など米英軍の攻撃による死者は147人、
戦争マラリアの死者の方がケタ違いに多いという事態になってしまった。
ここで特筆すべきは波《は》照間《てるま》島の場合である。
波照間島には日本軍が駐屯していないため、「残置工作員」と呼ばれる陸軍中野学校卒の後方特殊勤務要員酒井清軍曹が派遣されていた。
酒井は山下虎雄という偽名で、表向き沖縄県青年学校指導員という身分で送りこまれていた。
3月末、波照間島に米軍上陸の可能性が高まったとして、酒井は住民に疎開の軍命令を伝える。
正式な疎開命令が下るより3カ月近く前のことである。
だが、疎開先として指定されたのはマラリアの発生地として知られていた西表《いりおもて》島南部であり、住民の多くはこれに反対した。

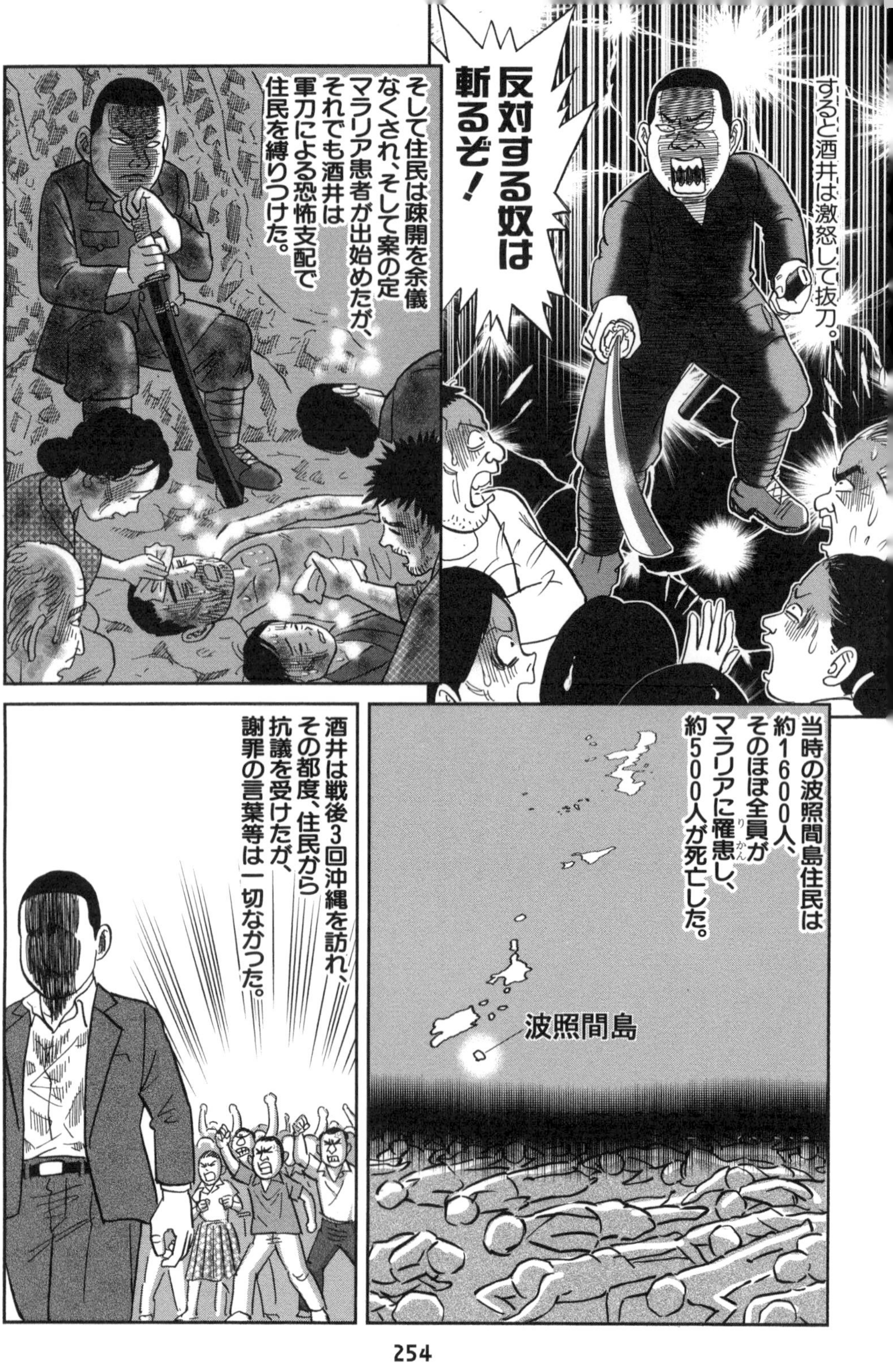
すると酒井は激怒して抜刀。
反対する奴は斬るぞ！
そして住民は疎開を余儀なくされ、そして案の定マラリア患者が出始めたが、それでも酒井は軍刀による恐怖支配で住民を縛りつけた。
当時の波照間島住民は約1600人、そのほぼ全員がマラリアに罹患《りかん》し、約500人が死亡した。
波照間島
酒井は戦後3回沖縄を訪れ、その都度、住民から抗議を受けたが、謝罪の言葉等は一切なかった。

南部撤退
沖縄防衛を担当した第32軍は首里に司令部を置いていたが、5月末、南部へ撤退する。
首里
移動が困難な傷病兵には青酸カリが配られたとか、統制を失った日本兵が、避難民を壕から追い出したといった数々の惨劇は、この南部撤退に伴って引き起こされた。
ドボ ドボ
それでもおまえたちは人間か――っ
また、ひめゆり部隊をはじめとする学徒看護隊や、鉄血勤皇隊の戦死者も、大半が南部撤退以降に出ている。
実は当初、軍は首里において玉砕する方針だった。
もしその方針のまま戦闘が遂行されていれば住民を巻き込んだ大惨事の多くは避けられた可能性が高い。

しかし、作戦は変更されてしまった。
この「南部撤退」という作戦を考案し、
軍の方針を転換させたのが、
第32軍高級参謀、
八《や》原《はら》博《ひろ》通《みち》大佐である。
八原は戦後『沖縄決戦』という
詳細な手記を著しているが、
これを読む限り当人は、
自分が立案した作戦が
住民を巻き込む巨大惨事を
引き起こしたということを
自覚すらしていない。
沖縄決戦
高級参謀の手記
八原博通
運命の作戦会議の際には、
他の参謀からは反対もあった。
今となって、軍が後方に退がるという法はない。
師団は軍の方針に従い、首里複郭陣地を準備した。
これを棄て、後退するとしても、師団には輸送機関がない。数千の負傷者や集積軍需品を後送する術がない。
師団は初めから首里で討ち死にと覚悟している。
だが八原は
事前に根回しして
多数派工作を行い、
作戦を転換させた。
八原は手記でこれを
「手柄話」のように書いている。

また、これを無邪気と言っていいものか、こんなことまで書いている。
「私は、この退却攻勢案を案出したのが嬉しくてたまらなかった。子供のようになってナポレオンのマレンゴの戦闘、第一次大戦のフランス軍のマルヌの反撃、ソ連(ポーランド)戦における波軍のワイクセルの反撃まで誇大空想するありさまである」
そして八原の手記では住民については、「地獄の苦しみに陥れ、戦いの犠牲にするのは真に忍び得ない」と思ったとはいうが、具体的な住民対策についての記述は極めて少なく、「知念方面への避難は、一応指示してあるはずだった」「戦場忽忙《こつぼう》の間、この指令は各機関の努力にかかわらず、十分に徹底しなかった憾《うら》みがある」というのだ。
沖縄決戦
高級参謀の手記
八原博通
さらに、「琉球島南端の断崖絶壁上において、多くの老幼婦女子をいたましい犠牲としたのは実に千秋の恨事である」と記しているが、どう見ても、真剣に住民避難の対策を検討したとは思えない。
ドオンッ
八原は本土へ帰還し報告する任務を帯び、牛島司令官、長参謀長が自決した後、難民にまぎれて摩文仁《まぶに》を脱出するが、途中で見破られて捕虜となり、終戦翌年帰還。
その後、二度と沖縄の地を踏むことはなかった。

支那戦線の残酷体験
戦場体験の「語り部」もいよいよ高齢化しているが、2014年8月14日の「NEWS23」では「ふたつの戦争の真実」と題して、近藤一という94歳の元日本兵の証言を放送した。
NEWS 23
近藤は支那戦線に4年間従軍した後、沖縄戦に参加。
沖縄では多くの日本兵は住民を守るために必死に戦ったという一方で、支那においては「人間でないことをした」と懺悔《ざんげ》している。
ネットではこの放送の直後から、支那戦線での残虐行為の証言について、否定や罵倒の書き込みが氾濫した。
【2chの反応】TBSのnews23でまたまた反日証言特集ｷﾀ━━━━━━(ﾟ∀ﾟ)━━━━━━!!元日本兵「戦時中、日本軍は中国で戦争犯罪しまくってた。やばいやばい」→名前でぐぐったら、中国共産党に洗脳されてることで有名な中帰連の回し者のジジイだたwwwｷﾀ━━━━━━。ﾟ+.ヽ(´∀`*)ﾉ.+ﾟ。
【news23】元日本兵、近藤一「日本軍は中国で戦争犯罪しまくった」→ググったら中帰連でした
こいつ中帰連のまわしもんじゃん
近藤一　中帰連
中帰連でぐぐったらどんぴしゃでわろた
中帰連の回し者
「中帰連」とは「中国帰還者連絡会」の略称で、戦後、中国撫順《ぶじゅん》の「戦犯管理所」への抑留を経て帰国した元日本兵の団体で、「日本軍の蛮行」を告白して反戦平和を訴える活動を行っていた（2002年解散）。
その人達は「中国帰還者連絡会（中帰連）」という団体を組織し積極的に活動している
中帰連の証言「日本は中国で何をしたか」
撫順戦犯管理所については『戦争論』第1作・第13章「洗脳されている自覚はない」に詳述している。
ここでは周到な洗脳プログラムに基づく思想改造教育が行われており、帰国して「中帰連」を結成した人々が語る証言には、中国共産党のために虚偽を語っている例が数多いことがわかっている。

それでネトウヨ達は「日本軍の蛮行」を語る元兵隊が出てくると即座に「中帰連だ！」と言うようになっているのだが、それはあまりにもリテラシー能力が欠如している。
近藤氏は沖縄で終戦を迎えているのだから、撫順戦犯管理所に入っているはずはない。中帰連のメンバーではないのだ。
時浦くん、この証言は信憑性があるんじゃない？
南部撤退は上層部の失策だけど、日本兵の心情としては住民を守りたかった者もおろうし…
シナでこーいう蛮行を行った者もいるだろう。
だが時浦は疑り深い。
うう〜〜〜む…
戦争冤罪研究センター
調べます。
そして、時浦が報告してきた。
近藤一という人物、94歳になり、老い先短いことを思って証言を始めたというならまだしも、
この人が証言を始めたのは1982年であり、62歳頃から32年間も証言活動をしているベテランです。
研究センター
ええっ？
すると左翼に迎合した証言者か？

この人の活動は、「南京大虐殺」やら「従軍慰安婦」やらの集会でも、証言を行っており、たとえその証言が事実だったとしても、それが「南京大虐殺」や「慰安婦＝性奴隷」の虚構に説得力を持たせるプロパガンダに利用されていることは間違いないですね。
戦争冤罪研究センタ
うう〜〜〜〜む…
それはマズイな…。
しかもその証言活動を支援しているのは、左翼イデオロギーの反戦活動家ばかりで、中には「中帰連」の後継団体のメンバーまでいる。
戦争冤罪研究センタ
あちゃ〜〜〜っ！
そのような人脈と一体になって32年も活動をしていれば、その証言に「色」がついてくることも考えられるな。
だから、初期の証言と現在の証言を比較し、そこにブレがないか、矛盾や、話を盛ったところがないかなど検証してみなければ、そのまま使用するわけにはいきません。
戦争冤罪研究センタ
…ということで、時浦には古い証言を探すよう頼んだのだが…

今のところ入手できたのは12年前、2002年の証言までで、これと現在の証言の間に矛盾点は見られない。
その支那戦線における証言は、次のような内容である。
まずは、山西省における初年兵教育について…。
戦場であるために訓練は厳しく、古兵による制裁がありました。
また、人殺しの訓練として、中国人捕虜の刺殺訓練を経験させられ、
また下士官による中国人2名の斬首の現場を見学させられました。
この時、私には人殺しに対しても特に悪いことをしたという感情が起きてきませんでした。
こういった初年兵教育によって、平然と残酷なことをする一人前の兵士に仕上げられたと思っています。

その後、配属された部隊では…
この地域が八路軍の勢力の強い地域であったために、たびたび八路軍の討伐に出て村を襲い、戦闘も経験しました。
村を襲った場合は、まず金目のものやロバ、牛などの略奪を行いました。
女性がいれば輪姦し、その後で、憲兵に知られないように殺害することが普通に行われていました。
最初の討伐の行軍の時、ある村で赤ん坊のいる女性を古兵が輪姦しましたが、その時は女性を殺さずに裸にして大行山脈の険しい山道を連行しました。
途中、女性が弱ってきたのを見て、一人の古兵が赤ん坊を掴んで谷底に投げ捨てると、

女性もその後を追って身を投げるという事件があり、その現場を私は目の前で目撃しました。
同じ大隊の別の中隊にいた、作家の田村泰次郎は小説『裸女のいる隊列』を書きました。
私が見たのと同じ女性かどうかははっきりしないですが、小説にある描写は間違いなく事実に基づいたものです。
裸女のいる隊列
さらにこのような証言もある。
日本軍は一般住民に対しても酷《ひど》いことをしました。中には、村を襲って逃げ遅れた老人の耳を切り落としたり、
尋問した後の住民の頭に石を落としてつぶして殺すような、異常に残虐な行為をする兵もいました。
10歳くらいの女の子が輪姦された後を見たこともあります。
このように鬼にまで堕《お》ちた兵士もいました。

確かに、人間とはいえないような状態まで堕ちた兵士を憎むのは当然ですが、そこまで堕ちざるを得なかった兵士もやはり哀れであり、被害者であるということも理解してほしいと思います。
アメリカ軍のように前線勤務は3~6カ月で交代するのと異なり、3年、4年、さらにそれ以上も非人間的な軍組織の中、明日のことはわからない前線に置かれて、聖人君子でいられる方がおかしい。こう言って叱られたこともあります。
加害の実行責任は兵隊にあり、多くの兵士はその反省をしていないと思いますが、長期に亘る戦場であったことを考えることも本当の戦争の悲惨を知るためには必要ではないでしょうか。
もっと古い証言があれば矛盾点が見つかる可能性もありますが、この証言が全面的に虚偽ということはないでしょう。
留意すべきことは、「憲兵に知られないように殺害する」と言うように、これが明るみに出れば処罰されたはずの軍紀違反であるということです！
戦争冤罪研究センタ
支那戦線も地域によって全く状況が違い、住民と良好な関係を保った地域もある。
むしろ日本軍がいた方が、治安が保たれていると歓迎された地域もある。
けど、八路軍の勢力が強かった地域が悲惨になるんですよ。

八路軍は住民の中に
入り込んでゲリラ戦を
仕掛けてくる。
住民と兵士の
区別がつかない
狂気の戦場では、
住民に対する残虐行為が
誘発される。
ベトナムで起きたことと
同じである。
最近、ベトナム戦争の際の
韓国軍の住民に対する
残虐行為を発掘している
日本人がいるが、これを
「韓国軍だからやったこと」
ということにして、
日本軍による残虐行為は
「全部作り話」と決めつけて
いるようでは、
戦場の真実から目を
そらす臆病者にすぎない。
戦前戦中でも、戦後でも、
殺人者や変質者や
レイプ魔はいる。
ヤクザだっている。
それらの人々も、
徴兵されて戦地に行けば、
その暴力性を活き活きと
解放してしまうかも
しれない。
いや、誰だって
心の中に暴力性は
潜んでいるはず！
明日をも知れぬ
戦場で、
人殺しばっかり
見ていれば、
わしだって狂気に走る
可能性はある！

日本軍は天皇の軍隊なのだから、悪いことはしないという、皇軍の無謬《むびゅう》性の神話は捨てるべきである。
日本軍の中には、倫理的に立派な将兵もいたが、
軍隊内で陰惨なしごきやいじめをする兵隊もいた。
戦場において残酷な殺戮を行う将兵もいたし、
沖縄戦のように、日本軍が必ずしも住民を守ってくれるとは限らないのだ。
戦争は悲惨である。
現在進行中のシリア・イラクでも、
パレスチナでも、
ウクライナでも、
むごたらしくて吐き気がするほどだ。

反戦平和の人々は、戦争の「被害」と「加害」の悲惨さを子供たちに教育し、
本多勝一
中国の旅
マスコミを通じて「厭戦」気分を作り上げてきた。
反戦
友愛
護憲
朝日新聞
MAINICHI
毎日
子供のうちは優等生に見られたくて洗脳されたふりをしていたのに…
ぼくたちの未来は平和を作らねばなりません!
大人になったら中国・韓国の「反日」にイラつき、中国の「軍事覇権」に恐怖して、ナショナリズムが燃え盛ってしまう。
今や国民はタカ派発言が大好きで、排外主義に心情的に同調し…
国民のナショナリズムを力いっぱい肯定してくれる政治家が好きなようだ。
朝鮮人は出てけ
在日帰国はよ!
そろそろ戦争《やり》たいんじゃないか?

だれもがこの国に
希望がないと
ニヒリズムに浸っていて、
潜在意識では
お祭りのような
興奮が味わいたいと、
そろそろ
戦争《やり》たがっている!?
ごーまんかましてよかですか?
戦争の「被害」と
「加害」の悲惨さと、
国のために戦う
「栄誉」と「実存」と、
戦わざるを得ない
「諦念」について
考えるがいい!
そして負けた時には
国を失うという
「覚悟」ができたら、
戦争《や》って
みるがいい!!

ゴーマニズム宣言
SPECIAL
新戦争論1
第17章
戦場での殺人と自決をイメトレしよう

日本軍の残虐行為はあまりに過剰粉飾されているものが多い。
シナの皇帝が入れ替わる「易姓革命」の戦乱や紛争の歴史の中で、残虐の限りを経験した彼らの祖先たちの記憶の伝承と、
「白髪三千丈」の大ぼらを吹くシナ人の性質が、日本軍の戦闘行為を超大げさに粉飾してきたのだ。
だからシナ人の証言を鵜呑《うの》みにするわけにはいかない。

しかし、日本兵による「刺突《しとつ》訓練」は、実際に行われたことだ。
元日本兵による多くの証言や記録が残っていて、
わしが子供の頃は（まだ戦場体験者が社会の第一線で活躍している）、戦争映画の中で普通に刺突訓練のシーンが出てきた記憶がある。
初年兵を戦場に慣れさせる度胸試しに、捕虜を銃剣で刺殺させる訓練だ。
今日は人間を刺し殺す訓練をする！
人を殺す感覚をお前らの手と体で覚えるのだ！
戦場で殺すことにためらっていたら、自分が殺される。
相手に同情する感覚も捨てなければ、生き残れない。
人殺しの罪悪感を捨てさせる教育をする上官は、初年兵に優しいのかもしれない。

日本鬼子《リーベンクイズ》！
シナ人が日本人に対して最大の侮辱を込めた言葉だ。
憎悪のこもった目でにらみつけられたら誰だってびびる。
縛られてる相手を突くというのも、卑怯な気がして気後れする。
なめられてるぞ広井！
突け――っ!!
うおおおおお

人の肉体は案外柔らかく、
豆腐のように銃剣が
簡単に突き刺さる
という。
あまりに楽で
人を殺した感覚が
残らないくらいらしい。
よし！
次っ！
ましてや
二番手、三番手と
刺突する者たちがいて、
それ以後の者は、
死者への刺突と
なるから、
罪悪感も軽減
されていく。
わあああああ

日本刀による斬首も行われていた。
ただし南京大虐殺の証拠とされるものなどネットで見られるものはニセ写真ばっかりだ。
戦後、シナで、エログロ趣味の残酷写真が流行り、日本兵の斬首写真とする絵ハガキまで売り出されていた。
国民党が抗日のプロパガンダのために、日本軍の残虐写真を募集したので、ニセモノの合成写真までが出回ってしまった。
ブーツが日本軍のものとは全く違うし人物の影の向きがバラバラ。合成写真
体の部分をスミでぬりつぶして生首に見せかけている。
服も帽子も日本軍のものとは異なる上、右端にシナ服の人物が写り込んでいるのをトリミングで消している。
そんな写真の一枚を、わしは子供の頃、近所の友達から見せられて本物かと思っていた。
だが、軍服が違ったり、刀を振り下ろす構えが間違っていたり、日本刀ではなく青竜刀だったり、写真を細かく検証するとどうやら、シナの匪賊《ひぞく》が自警団や軍閥から処刑されている写真だったりする。
日軍舉刀劈殺我國同胞
考えてみれば、当時のカメラは貴重品で、誰もが持っているはずがなく、日本軍がわざわざ捕虜の処刑場面を撮影するはずもなく、それで日本兵による本物の斬首写真は、あまり出回ってないのだろう。

だが、日本兵による
抗日ゲリラやスパイの
処刑はあった。
これも元日本兵の証言
として残されている。
留意すべきことは、
これは国際法上、
違法行為ではない
ということだ。
パンパン
民間人の衣服で戦う
便衣兵・ゲリラこそが
国際法違反なのだから、
捕らえられたら処刑
されても仕方がない。
本来、捕虜を虐待したり、
処刑したりするのは、
国際法でも違反なのだが、
これは状況による。
イラクでの
米兵による虐待写真
戦場においては、
捕虜収容の施設や
食料などの余裕が
ある場合と、それが
ない場合がある。
まさか味方の兵を
飢えさせて、
捕虜に食べさせる
わけにもいくまい。
ヒューマニズムで
逃がしたりしたら、
彼らの仲間を呼んできて、
こちらの部隊が
全滅することもある。

米映画『ローン・サバイバー』で描かれていたが…
タリバン指導者の暗殺のためアフガンの山岳地帯に潜入した4人の米海軍特殊部隊が、現地の山羊飼い3人と遭遇し、拘束する。
子供も含むこの3人を解放すべきか否かで米兵は大議論を始める。
こいつらはタリバンの仲間だ！
子供を殺したとCNNニュースで報じられるぞ！
解放したら200人の追手が来るぞ！
やつらは敵だ！
交戦規定があるっ！
結局、軍規に従い解放してしまうのだが、その良心的な決定のせいで、彼らは数百人のタリバンに包囲されてしまうのだ！
シナ事変から今に続く軍服を着ないゲリラとの戦いは、元々、住民が戦闘に参加していることが違法なのだ。
子供だろうと、女だろうと、老人だろうと、民間人と思って逃がしたら、とんでもない軍勢を連れて、襲撃してくるから恐ろしい。

したがって、処刑すべき捕虜を、
初年兵に処刑させただけ。
解放するわけにはいかない
便衣兵だったのだろう。
刺突訓練が
残酷というなら、
戦争自体が残酷なのだ。
イラク戦争当時も、
最近のイスラム国の兵士も、
ジャーナリストを捕らえて、
斬首するシーンを撮影し、
ネットで流している。
あれは兵士に対する
処刑ではないのだから、
あきらかに国際法違反だ。
だが、斬首という
行為そのものを
野蛮だと思うのは、
現代の価値観による
ものかもしれない。
なぜなら、江戸時代までの
日本人は、
首狩り族だったからである!

戦国時代には、敵将の首を主君の前に持ってきて、手柄を報告した。
武士の切腹においては、苦痛を長びかせることのないよう、背後に介錯人《かいしゃくにん》を添えた。
介錯人は相当な腕の立つ者でなければならない。
未熟な腕の者では一太刀《ひとたち》で終わらせられず、のたうちまわる切腹人の首や肩を何度も斬りつけ、刀を損傷することもある。
介錯人は、一刀のもとに首をはねるのが義務であり、名誉だった。
もし失敗したら、末代までの恥とされたのである。

西欧人はギロチンという機器を用いて、迅速・確実・合理的に、処理をするように斬首していた。
ギロチンはフランス革命で身分の区別のない処刑機具として生まれた。
イスラム圏では2～3人で押さえつけ、鉈《なた》でギコギコ引いて20秒くらいで斬首する。
まるで家畜あつかいだ。
日本人は首を斬る者にも斬られる者にも名誉を求め、斬首を様式化させていた。
そこには美意識すらあつたのだ。
もちろん、切腹はなく、単なる罪人には斬首のみだ。
だが、人の手を介して一刀両断するのは、相手への敬意であり、素人には出来ない。
日本人は、かなり高尚な首狩り族だつたと言える。
その武士の末裔《まつえい》が大東亜戦争の終結までは存在していたのだ。
だから敗戦時、多くの日本軍人たちが、中には介錯人なしで切腹する者までいた。

内臓が飛び出したままで、血の海の中でうめきながら10時間くらい苦しんで息絶えるのは、恐ろしい覚悟がいる。
だが、多くの若者を死地に追いやりながら敗戦した責任は、そのくらいの苦痛で贖《あがな》うしかないと、思った軍人もいたのだ。
ごーまんかまして よかですか?
現在、勇ましい発言をしている者、それを喜んで支持している者たちは、
刺突訓練のイメージ・トレーニングをしておくべきだ!
そしてなにより、責任をとるための切腹のイメージ・トレーニングをしておくべきだろう!

ゴーマニズム宣言 SPECIAL
新戦争論1
第18章
『戦争論』の正しい読み方

『戦争論』は平成10年(1998)6月に発行された。
ベストセラーになって、朝日新聞の社説で2回も批判され、左翼リベラルの論客から総攻撃に遭った。
社説
「国民の物語」の危うさ
社説
「戦争論」が教えるもの
小林よしのり
戦争論

へへっ、あんときゃたまげたぜ。
悪魔みたいに人々から憎まれちまってよ。

それでも読者は増え続け、家族間や友人同士の回し読み、図書館、中古本の流通などによる回読もあって社会に浸透し、左翼の自虐史観に洗脳されていた国民の意識を変えつづけた。
まあな、自虐なんて病気に決まってら！
病気は特効薬で治せるってことさ。
『戦争論』は第3巻まで発行されたが、発売以来16年経ち、今も毎年、増刷されている。
それだけ幅が広がれば、読者の質もピンからキリまでだ。
職場や家庭を持つ一般市民から芸能人までが大多数の読者であり、中には『戦争論』の影響で、自衛隊に入った者も多い。
わしが主催する「ゴー宣道場」には、常識ある市井の人々が参加している。
みんな『戦争論』の読者だが、現場を持つ真面目な人々ばかりだ。
特効薬が効いても副作用が出ない健全な脳の人々だ。

だが、ここ数年、左翼リベラル方面から「ネトウヨ(ネット右翼)の生みの親は、小林よしのりの『戦争論』だ」と言われ…
新聞その他のメディアのインタビューで、排外主義的なデモやネットの中の傾向を批判すると必ずこう言われた。
でもネトウヨの生みの親は小林さんでしょ?
でも、ネトウヨの生みの親は小林さんでしょ?
そ…そーかもしれないっ!
本人たちが『戦争論』に影響されたと言ってるのなら、そーいう面もたしかにあるのかもしれないっ!
不本意ながらそーいう人種も生み出してしまったのかもしれないがっ、がっ、がっ、がっ…
が〜〜〜〜〜っ…
常識ある読者は「サイレント・マジョリティー(沈黙せる多数派)」だから、目立たないが、ネトウヨは「運動家体質」だから、「ノイジー・マイノリティー(騒がしい少数派)」となって悪目立ちする。
だがネトウヨは『戦争論』の副作用である!
圧倒的に効く特効薬には副作用があってもしかたがないっ!

作者の意図とはかけ離れた、勝手な解釈をする読者が生まれるのは、コントロールできない。
小林よしのり
誤読した読者の問題行動の責任まで作者が負うことになったら、一切の創作活動は不可能になってしまう。
1969年、カルト指導者チャールズ・マンソンはビートルズの曲『ヘルター・スケルター』を聞き、これは「ハルマゲドンの予言」だと言い出した。
The BETLES
そして信者たちがその予言を実行させようと女優シャロン・テートら5人を無差別殺害する事件を起こした。
この事件で、曲を作ったポール・マッカートニーの責任は重いと言う者などいるだろうか?
『戦争論』を読んでネトウヨになったという者がいたとしたら、その原因の大部分は『戦争論』にあるのではなく、その者の読解力のなさにある。
本当に『戦争論』を正しく読んでくれさえすれば、副作用が起こるはずがない。
わしは、ここに特効薬の正しい服用の仕方を教えることにする。
すでに副作用の出てる者はこの章をじっくり読んで妙な熱を冷ましなさい!
はい。女の人はブラとって。

『戦争論』が反韓・反中感情を作ったのか？
『戦争論』では、中・韓がプロパガンダで国内の反日感情を焚きつけていることを描いた。
だがそれと同時に、日本が反中・反韓感情を持っても意味がないことを描いている。
今でも中国は小学校の歴史教科書の3分の1を日本の侵略戦争の記述に使って徹底的な反日教育をすることによって言葉も違う雑多な民を一つにまとめている
日本鬼子《リーベンクイズ》
東洋鬼《トンヤンクイ》
敵を作ることによって国民をまとめるこれは幼いナショナリズムだがあの大きすぎる国においては仕方がない
日本は昔も今も中国をまとめるために敵役《ヒール》として演じてあげているのである
心がデカイ！
日本は、外に敵を作らなければ国内をまとめられない「幼いナショナリズム」の国ではない。
わざわざ中韓のレベルまで落ちて対抗する必要などない。
そう描いているではないか！
なぜ読み取れんのかね？
嫌韓反中のヘイトスピーチなどやってる者は日本人のくせに「幼いナショナリズム」に囚われているんだ。
幼稚《ようち》んぼのナショナリズムだよ！
バブー
ブバー
ケンカン
反韓
バブー
ハンチュー
アババババ

だが『戦争論』では、「反米感情」は意図的に焚きつけているんだ。
アメリカはこれほどの大殺戮兵器を何の警告もなしに6日 広島にウラニウム爆弾リトル・ボーイを9日 長崎にプルトニウム爆弾ファットマンを落とした
ウラニウム型とプルトニウム型2種類とも何が何でも一般市民の住む都市に落としその破壊状況・人体に及ぼす影響を確かめねばならなかったのだ
それは悪魔の仕業だった!
わざわざ「悪魔」に「アメリカ」とルビを振ったりしている。
都市空襲や原爆投下は人種差別に基づく国際法違反の大虐殺であったことは厳然たる事実であり、これを当の日本人が忘れてはならないのだ!
米軍はまず東西5キロ南北6キロの範囲に焼夷弾を落として火で取り囲み人々の退路を断った
ところが「在特会」はあろうことか広島で被爆者に対してヘイトスピーチをやっている!
被爆者利権は日本からたたき出せー
広島平和祈念公園を解体するぞー
これは米国の原爆投下を擁護しているのに等しい!

『戦争論』は元慰安婦を侮蔑したか？
「在特会」らは朝鮮人慰安婦に対して「金目当ての売春婦！」といったヘイトスピーチを浴びせている。
これも『戦争論』を正しく読んでいれば決して出てこない言葉である。
『戦争論』では、元慰安婦の女性たちが悲しい思いをした、つらい思いをしたと証言していることを無下に否定はしてない。
もちろん いやいや 苦界に身を沈めた 者もいただろう
貧困にあえぎ 親にキーセンに売られ
業者に軍慰安所に 連れてこられ 働かされた人は多い
ただ、それは日本軍のせいではなく、日本政府が謝罪したり反省したりすべきものではないと主張したのである。
新
この件に関してはこんな風に描かれている。
彼女たちが 悲しい思いを したのは 日本軍のせい ではない
それは「親」のせい とも言えるし…
「業者」のせい とも言えるが…
彼女たちの苦難は 「人権」という観念も 「フェミニズム」という観念も なかった「時代」のせい
まだ国の近代化に遠く 子を売るしか 食べるすべもなかった 「貧困」のせいと 言うしかない

彼女たちが本人の意に反して性を売らざるを得なかったとしても、それは「時代」のせいであり、「貧困」のせいであると言うしかなく、当時は多くの日本女性も同じような思いをしたのである。
娘身賣の場合は
當相談所へ御出下さい
伊佐澤村相談所
慰安婦が「性奴隷」だったとか、日本軍が「強制連行」したとかいうことは、90年代以降に普及したデマであり、朝鮮人元慰安婦は反日プロパガンダに利用されてきたのだ。
私の戦争犯罪
吉田清治
朝鮮人強制連行
しかし、慰安婦問題は日本人自身が火をつけたものであり、元慰安婦にヘイトスピーチを浴びせるのは筋違いである。
日朝断交
売春婦は
朝鮮人慰安
日本人へ
『戦争論』では、明日をも知れぬ戦地に赴く将兵を慰めてくれた慰安婦たちにも感謝を捧げるべきだと描いている。
銃後で支えて戦時をくぐりぬけた祖母たち…
日本兵を慰めてくれた慰安婦たち…
しかしネトウヨは『戦争論』の何を読んだのかのう？
すべてに感謝して戦争を語ろう

国連の「社会権規約委員会」は、慰安婦を貶《おとし》めるようなヘイトスピーチ等を防ぐために、「国民に従軍慰安婦の強制連行問題を教育することを願う」という公式見解を発表、その後も同様の勧告が続々と行われている。
25日(金) 夕刊
慰安婦へ「完全な賠償」を
ヘイトスピーチ禁止せよ
国連人権委 日本に勧告
ヘイトスピーチなんかやるから、「強制連行を教育せよ」とまで言い出すのだ。
日朝断交
ネトウヨたちはヘイトスピーチを「愛国行動」だと思い込んで自己満足しているが、実際には百害あって一利なし、国益を害する結果しかもたらしていない。
『戦争論』は差別を助長したか？
「在特会」会員の中には、水平社博物館の前で差別発言を連呼し、部落解放同盟に訴えられて敗訴、慰謝料の支払いを命じられた者までいる。
わしは『戦争論』の3年前に『差別論スペシャル』を発行し、部落差別の解消を訴えた。
差別論スペシャル
激流、天を打つ!
怒濤の差別論創生!!
それを受けて『戦争論』でもこう描いている。

「国のために」部落差別なんてあっちゃいけない
言葉狩りもいけない
「国のために」オウムは危険だし宗教を聖域にしてはいけない
「国のために」薬害エイズを放っておいてはいけない
「国のために」従軍慰安婦は強制連行なんてデッチ上げて日本の名誉を汚してはいけない
「国のために」マルクス主義的反日教科書を子供に与えたままでは絶対にいけない
なんて優しいことばっかり言ってるんだ!
『戦争論』ってこんなにヒューマンな作品だったのか!
ホトケサマだよ。
小林よしのりって仏様じゃねーか。
それが何で悪魔にされちまったのか?
世の中、理不尽なことだらけだなァ。
部落差別や、在日差別のどこに「国のため」「公のため」になることがあるだろうか?
エッタは社から出ていけ!
『戦争論』に正しく影響されたならば、ただ「私」の差別心や、肥大した自意識を満足させるためだけに、
「公共性」に著しく反するヘイトスピーチデモを行うという愚行は、間違っても起こすわけがないのだ。
出てけー

『戦争論』は街宣デモを奨励したか？
『戦争論』のテーマは「個と公」である。
「個と公」
このテーマについてちゃんと考えてくれたんだろうか？
これは、その前著である『脱正義論』以降の思索を経て描いたテーマである。
わしは、「薬害エイズ訴訟を支える会」の代表を引き受け、国の責任を追及する学生たちの運動を支援した。
新・ゴーマニズム宣言スペシャル
脱正義論
わしの薬害エイズ訴訟支援運動全顛末。
渾身の描き下ろし
わしは左翼運動が嫌いだから、「薬害エイズ運動」に関しては「個の連帯」と考えていた。
目的が達成されれば、各人がそれぞれの日常に帰っていく一時的な連帯だと思っていた。
これはしっかりした個人が非常連帯しただけで終わりなき日常にたえかねた若者が運動にハマっちゃったのではないのだ
…そう思っていた
ところが、「正義」を背負って運動することに「生きがい」を感じてしまった一部の学生たちは、裁判の和解が成立してもなお運動という「非日常」から離脱できない。
支える会
彼らは言う
まだ何も終わってない
勉強会が楽しい
就職しても両立できる
学生に何ができるんだ？
おまえらアマチュアが具体的に何ができるん
学生たちは「個」を運動団体の「集」に埋没させてしまったのだ！
支える会

「個」を「集団」に埋没させる。
そもそも薬害エイズを防げなかった官僚も、省益優先で「個」を「集」に埋没させていた。
また、当時わしが戦っていたオウム真理教の信者も、エリートと言われた若者たちが、いともたやすく怪しい教祖の前に「個」を失っていた。
おおっ いかにもすごそうな人だっっ
若者たちがオウム真理教に嵌《はま》ったのは「偽史」を与えられたからだ。
家族や共同体が崩壊する中で、歴史を失った個人がアイデンティティーの不安に陥っている。
みんな「自分探し」をしている！
ほんとうの自分探し
戦後の反戦平和教育で、「戦前は悪」「祖父は悪」と思い込まされ、「歴史」を断絶してきたことが個人のアイデンティティーをぐらつかせている。
だから「運動」とか「組織」とか、「カルト」とかの「集」に「個」を埋没させるのでは？
まず「歴史」の接続を試みよう。
戦前の日本人がどんな思いを持っていて、なぜ戦争に突入していったのか？
戦前の日本人の全部が集団主義的に戦争に参加していたのか？
特攻隊の青年たちは日本軍という「集」に埋没して命を捨てたのか？
そのような問題意識で、わしは『戦争論』を描いた。

ネトウヨは、このような『戦争論』のテーマを全然、読み取っていない。
なにしろネトウヨとは、『戦争論』で問題としている、「個」をぐらつかせて、匿名の「集団」に埋没する日本人そのものなのだ!
追放せよ
死ね
出ていけ
殺せ
ただし わしが薬害エイズ運動で見てきた範囲で言えば…
ぼくは原告のみなさんのおかげで充実している感謝してます
被告製薬5社
今の若者のボランティアには「自分探し」が動機の者が多い
何不自由ない豊かさの中で自分の個を支える共同体や歴史から切り離されて生きてきたせいで
ぼくはこのままでいいのだろうか?
ぼくって何?
…と個をぐらつかせている若者がいて…
世の中のだれもが正義と認定する「弱者のために」動ける場所にいって個を安定させる
これでぼくは間違いない
正しい側にいるはずだ
いや人よりりっぱな人間のはずだ
反省
人権
補償せよ!!
下段の絵のプラカードの文句を、「朝鮮人は出ていけ」などに変え、のぼりの代わりに日の丸の旗を持たせれば、そのまんま、ヘイトスピーチをやっているネトウヨの図となる。
サヨクのデモを反転させたものがネトウヨのデモなのだ!

『戦争論』は、人が集団に
搦《から》め捕られて、
個を失うような状態には、
「公」はない、ということを
描いた本だ。
私的な欲求を追求する
「私人」と、
「個人」は違う。
個人は公のための
決定権を持つのだ！
なぜネトウヨは
「戦争論の影響を受けた」
と思っているのか？
まず、『戦争論』を発行した
平成10年（1998）の
日本国内の言論状況は、
今とは全然違っていたという
ことを認識してもらいたい。
当時は、7社から発行されていた
中学歴史教科書の全てに
「従軍慰安婦」が載っていたのだ。
14～15歳の子供が学ぶ
歴史の教科書に
祖父たちがレイプ魔として
載っている異常事態だった。
セックスにまつわる話、
しかも売春の話を
子供に教えていいのか？
中学生の歴史
社会
中学社会
歴史
中学生の社会科
歴史
日本の歩みと
世界
た，女性を慰安婦《いあんふ》として従軍させ，ひどいあつかいをした。
が，強制的に日本に連れてこられ，工場などで過酷《かこく》な労働に従
事させられた。従軍慰安婦《じゅうぐんいあんふ》として強制的に戦場に送りだされた
若い女性も多数いた。
が兵士として戦場に送られた。また，多くの朝鮮人女性なども，
従軍慰安婦《じゅうぐんいあんふ》として戦地に送り出された。
当時は「反戦サヨク」の
全体主義的空気があって、
これに異を唱えたわしは、
「レイプ魔の味方」と見られ、
「セカンド・レイプ」と
非難されていたのである。
セカンド・レイプ
してる男めっ！

泣き叫んで抗議する元慰安婦を見たら、17年前の日本人の大多数は「可哀そうに」と同情していた。
そして我々、日本人の祖父たちには、「あいつら鬼畜のような悪いことばっかりしてきたんだな」と、軽蔑の目を向けていた。
日本人のくせに、何で韓国人のハルモニの味方して、
日本人のじっちゃんの敵になるんだ!?
「センチメンタリズム」を外国人に奪われてしまっている!
ナショナリズムが消滅しているから、自国の祖父には何の「同情心」もわかないのだ。
わしは祖父たちに対する「センチメンタリズム」を取り戻すために、『戦争論』を描く決意をした!
そして、真正面から「大東亜戦争肯定論」まで踏み込んで描いていった!

戦後に育った日本人は
「戦前の日本は悪」という
歴史観しか教えられず、
「大東亜戦争」という言葉は
右翼しか使わないと
思い込み、
日本の戦争を肯定する
勇気など、
すっかり失っていた。
かつて林房雄の
『大東亜戦争肯定論』という
著書があったが、すでに
知識人のものになっていた。
大東亜戦争 肯定論 林房雄
今を生きる市井の人々や
若者は『戦争論』で初めて
『大東亜戦争肯定論』に触れ、
戦前の日本は悪ではなく、
日本の戦争にも正義があり、
誇りがあったという主張を
知ったのである。
その衝撃は計り知れない
ものだった。
小林よしのり
新ゴーマニズム宣言 SPECIAL
戦争論
こうして『戦争論』を読んで
ネトウヨは価値観を一変
させられたので、
「影響を受けた」と
言っているのだろう。
その点はわかる。
プス
だが、ネトウヨは
ここから先を決定的に
読み違えている。
わしは、あくまでも
大東亜戦争を戦った世代の
日本人に誇りを持とうと
言ったのであって、
現代の日本人、
しかも社会に対して、
何の貢献もしていない
者たちに、
誇りを持とうとは
言っていない！
出てけ！

むしろ『戦争論』において
戦後の日本人は
批判の対象である。
今の日本に祖国のために死ねる者などいない
これを今日本では「個人主義」という
ごーまんかましてよかですか
日本の個人主義者は国家が嫌いである権力も嫌いである
そしてこの平和が自明のものであり税金さえ払えば手に入るサービスだと思っている
日本の個人はまるで消費者なのだ!!
祖国のために
死ねる者などなく、
自分の命だけが大事で
平和をサービスと思っている
「消費者」であると
第１章から描いている。
ところがネトウヨは、
肝心なところは読み飛ばし、
「自分が日本人である」
というだけで誇りを
持ってしまった！
自分自身は
立派なことなど
何ひとつしてないのに、
日本人であるだけで、
優越感を持つ
ヘンな人が
ネトウヨである！
勘違いって
すげーよな。
日本人にも
クズは
いっぱい、いるし…
クズも日本人なら
誇りを持っていいってか？
クズも在日に
ヘイトスピーチ
してりゃ
愛国者ってか？
勘違いって
すげーよ。
おいらの誇りは
このギターと…
夕陽が似合う
この立ち姿
くらいなもんかな。
人間、増長しちゃあ
いけねーよ。

では、今度は左翼リベラルに問いたい。
『戦争論』で自虐史観を払拭したために、ネトウヨが生まれたというのならば、
自虐史観のエスカレートは放置すべきだったのか？
従軍慰安婦・強制連行だの、南京大虐殺30万人だの、ありもしない話が次々に捏造《ねつぞう》され、教科書に載せられ、日本人が未来永劫《えいごう》、罪悪感を持ち続け、土下座外交をしていればよかったと言うのか？
遇難者 VICTIMS 遭難者 300000
『戦争論』がベストセラーになった頃、読者からこんな感想が数多く寄せられた。
（年齢・職業はいずれも1998年当時）
我家で同居している戦争に行った祖父が本書を読んで「生きてて良かった」と言いながら号泣しました。びっくりしました。
（北海道・34歳男性・会社員）
涙が出ていた。この本を読んで、祖父にあやまりたいと思ったからだ。というのは、私が小学3年位の頃、今思えばサヨクが子供の洗脳の為《ため》に作った様な戦争の本を、図書館にある団体が寄付した。私はその当時祖父を真剣に怖がり、ビルマで捕りょになっていた事も「悪い事をしたから当然」と思い、あげくに「おじいちゃんも人殺しした？」と聞いた。その時祖父は悲しいような、でもあきらめているような顔をした。この本を読んで、私は祖父に「ありがとう」と言いたい。そして祖父の為にも、自国に誇りを持とうと思う。
（高知県・16歳女性・高校生）

普段は漫画など読んだこともなかったであろう、戦中派の人たちからも、本当にたくさんの感想をもらった。
我々戦中派の総《すべ》てを代弁して下さった感じにて、厚く御礼申し上げます。中支、ラバウル、ブーゲンビルにて散った1988名の靖国の戦友も感涙にむせんで居る事と思ひます。
（東京都・76歳男性）
私は復員軍人です。良く私達の気持ちを書いて呉《く》れました。復員当時、このような話をし、軍国主義だ、復員ゴロだと言われてくやしいやら日本人の心情に情けなさを感じて50数年、やっと気分が晴れて死んでいけます。戦死した多くの戦友もよろこんでおるでせう。
（長崎県・77歳男性）
感激の涙で読みました。78才の歩けない夫と、当時を語り合い涙しました。そして、すっきり、晴れやかな気持ちになりました。若い人に多く読んでもらいたいです。真実を…
（埼玉県・73歳女性・主婦）
中にはこんなお便りもあった。
私は戦後生まれで38歳の主婦です。私の実の父は78歳で、病弱ではありますがなんとか平穏に暮らしております。父は私が幼少の頃からよく戦争の自慢話をして聞かせました。しかしながら私は戦後教育を受けており「戦争は人殺しではないか」と反発心で一杯でした。

しかし今回『戦争論』を読んで
三日間、体内の血液が
逆流するショックでした。
そして、父がよく言っていた
言葉を思い出しました。
「俺は戦争で死ぬつもり
だったのに、生きて欲しい
兄が死んでしまった」
「もう神も仏も信じられん！」
戦後の父の生き道には
大変な山があり谷があり、
心はすさんでおり、
母は私をつれて入水自殺《じゅすい》を
何度かしようとしました。
これ迄《まで》、正直言って、とても父親の
事を心から思いやりを
送れませんでしたが、
『戦争論』を読み、私の人生観は
大きく変わりました。
父に対する不信感が消え、
戦争への思いを知った時、
あの戦争へ行った方々は
皆さん死を恐れず向かって
おられた姿に感謝し、
父のすさんだ気もわかるような
気がしました。
そして父の娘で良かったと
思えるようになりました。
今度里に帰ったら、
父にもこの本の事を話して
置いてこようと思います。
小林様まことに
ありがとうございます。
当時、感想を送って
くださった戦中派の
方々も、いま生きて
いれば90歳前後…
すでに鬼籍に入られた
方も多いだろう。
もしあの時、『戦争論』を
描かなかったら、
この方々は子や孫にすら
思いを理解して
もらえないまま、
無念のうちに生涯を
終えることになっていた
はずだ。
それでも描かない方が
よかったのか？

はっきり言って、自虐史観で子供たちを洗脳していた左翼の罪はネトウヨごときとは比較にならない！
圧倒的な大罪を犯していたのである!!
『戦争論』以降、左派の主張が世間に届かなくなったと、リベラルの論客がぼやいている。
リベラルじゃダメですか？
なぜ、嫌われるのか？
どうすればよいのか？
祥伝社新書
わははははは
だが、それはすでに左派の言葉が死んでいたからであり、『戦争論』のせいにするのは、お門違いである。
チ―――ン
自衛戦争まで否定し、「日本を攻める国などあり得ない」だの、「侵略されたら黙って殺される」だのと放言し…
あとは憲法9条さえ守り、日本だけ加害責任を追及して罪悪感を植えつけておけば平和は守れるなどという言説は、もう誰も説得力を感じないのだ。
左翼がやってきた日本の戦争責任の追及は、中国・韓国のナショナリズムを増幅しただけ！
平和どころか、戦争を近づけただけだった！

自分たちで主張を
硬直化させ、
思想し続けるのを止めて、
言葉を形骸化させ、
自滅していっただけなのに、
『戦争論』のせいだと
恨みを募らせ、
「ネトウヨの生みの親」などと
レッテルを貼って
意趣返ししようと
いうのだから、本当に
左翼リベラルは情けない。
左翼リベラルも
『戦争論』をきちんと
読んでいない。
読まずに戦後の
言論の空気に
「個」を埋没させて
批判していたのだ！
読んでも誤読だらけで
ネトウヨと大差ない
知性の連中である。
天皇制反対
戦争反対
戦場に子供を送るな！
韓国人は出てけ
朝鮮人は殺せ!!
在日は祖国に
「個」を貫いたら
孤立する。
みんなそれが
恐いのさ。
ピーーッ
左翼リベラルも
自称保守も
ネトウヨも、
世間の「集」に
頼りたがる。
パッカ
パッカ
パッカ
パッカ
おいらみたいに
ギターを持った
渡り鳥には
なれねーって！
パッカ
パッカ
しかし、さっきから
全然、夕陽が
沈まねえな。

発表当時『戦争論』の「個と公」のテーマを的確につかんで感想を送って来た若者は非常に多かった。
私には特攻帰りの祖父がいます。戦後の日本に失望したという祖父の心がわかりました。祖父たちには情があり、信念があり、それが日本人の心だったのに、私たちはそれらのすべてを失ってしまったと思います。
（東京都・18歳女性・大学生）
マンガで初めて泣いた。そして気付いた。自分の事だけ良けりゃいいとか、平和が一番、自由が一番と言っていた事に腹が立った。
（東京都・15歳男性・高校生）
「朝ナマ」で田原が「国のために死ぬのは間違っている」と言っていましたが、やはり時には命をかけてでもやるべきことがあります。「滅私」という状態は素晴らしい。
（静岡県・18歳男性・大学生）
歴史の大きな流れと実社会の中の卑小な一点に過ぎない個人として、与えられた生を無駄にせず、着実に何事かをなしとげていきたいと強く思いました。
（東京都・22歳男性・大学院生）
うむ。なかなか健康な精神だ。
副作用もなし！

『戦争論』を読んでネトウヨになった者よりも、『戦争論』を読んで「公」のために、「私」を抑え、「個」として決断する尊さを学び、それぞれの現場で堅実に生きている者の方がはるかに多いのだ。
初戦の奇跡の快進撃も…
敗退戦の凄絶さも悲痛な美しさも…
これこそが日本人の戦争だった！
最後に『戦争論』第1巻の最終ページを紹介しておく。
自分を一番自由にしてくれる束縛は何か？
それを大事に思う心を育てよう
完
この言葉の意味を、自称保守もネトウヨも左翼リベラルも、よく考えてみたらどうだ？

ごーまんかましてよかですか？
リベラル（自由）派は無制限の自由が人を孤独にし、人も社会も不自由にするということに気づかねばならない。
匿名で、ネットという無制限の言論の自由を手に入れたネトウヨがそれを証明しているではないか！
あらっ？夕陽が逆方向にも沈んでいるっ！
おいら夕陽がなきゃさまにならねーからな。
この章のキャラは、わしの好きな『ギターを持った渡り鳥』のパロディーで描きました。

ゴーマニズム宣言
SPECIAL
新戦争論1
第19章
20世紀の
女性の人権侵害とは
「性奴隷」である

羽田空港の国際線ターミナルで花魁《おいらん》道中ショーをやっているニュースが流れていた。
日光江戸村でも、観光客のために花魁道中をやっているらしい。
花魁道中は誰もが日本文化のひとつの華のように思い込んでいて、外国人にも誇りを持って見せることができると信じている。
だが、花魁は吉原遊郭の高級遊女であることを知ったら、外国人はどう思うだろう?

遊女屋にいる花魁が、
引手茶屋から呼び出しを受けて、
客に会いに行くときに、
禿《かむろ》や振袖新造《しんぞ》を従えて
練り歩く、
これが花魁道中である。
吉原の遊女たちは
女衒《ぜげん》によって、表向きは
「年季奉公」として、
前借金渡しで
集められるが、
実態は人身売買である。
少なくとも、キリスト教文化圏からは
人身売買と見られるのであり、
NHKの昔の連続ドラマ
『おしん』ですら、前借金で
売られた少女だから
奴隷と見られる恐れがある。
「年季奉公」は児童や女性に
対する「人権侵害」で、
「奴隷制」と見られるのだ。
「年季奉公」の英語は
「indentured servitude」で、
「年季奴隷制」という意味になる。
雇用形態としては、
先進国では禁止されているのだ。

一見、華やかな花魁の陰では、親から売られ、娼婦になることも覚悟して、家族のために家を出たけなげな娘もいただろう。
きれいなべべ着て、お腹いっぱいご飯が食べられる。
泣かんでけろ〜〜っ。
だが、まったく知らず連れて来られて、男に抱かれる恐怖を味わい…
絶望のうちに毎夜身体を売る苦痛に悩まされた女性もいたのだ。
吉原遊郭の花魁だった森光子という女性は、死んだ父が残した借金のために、仕事の実態を知らぬまま吉原に売られ、春駒という娼妓《しょうぎ》となる。
そこでの暮らしは**「生き地獄だった」**と『春駒日記』に書いている。
春駒日記
よほど上妓でない限り、一日平均5人の客を取る娼妓は、過労や妊娠に悩んだり、過酷な折檻《せっかん》を受けたりした。
そして梅毒にかかると、治療法はなく、脳や神経を侵されて十年がかりで死んでいく境遇だった。

だが一方で、幕末の頃、来日した外国人たちは、長崎丸山遊郭における娼妓としての役目を終えた女性たちが、ごく普通の結婚をしたり、売春していた過去を後ろめたく思わないことに驚いたという。
日本人の性意識はキリスト教の倫理観が入ってくるまでは、開放的で、貞操観念が緩く、娼婦といえども、差別する感覚が、西洋人ほどにはない。
旧日本軍の慰安所で働く慰安婦でも、貧困ゆえの宿命と諦めて勤め、大金を稼いで、親に仕送りできると合理的に割り切る女性もいただろう。
兵隊とレクリエーションを楽しんだり、兵隊と恋愛して結婚した者もいたようだ。
キリスト教では売春は罪悪だろうが、日本人にとっては身体を売る女性に対しての差別心がそれほど強くない。
だから今でも日本では風俗産業が多種多様であり、「売春」と「風俗」の境目がわからないくらいだ。
キャバクラ
出会い喫茶
JKお散歩
援助交際
テレクラ
ピンク映画
ストリップ
AV
性感エステ
ホストクラブ
デリヘル
SM
クラブ
ソープランド
ヘルス

日本人はAVで働く女性もタレントとして人気が出るし、ソープ嬢との本気の恋愛も成り立つし、外国よりは平等な国柄だ。
この日本の性風俗に対するおおらかさは、今でも西洋人には理解できないだろう。
だから橋下徹市長が、公人の立場にも拘らず、沖縄の米兵は風俗を利用すればいいなどと言うと、「女性の人権」を無視したとんでもない発言だと、世界中から非難されることになる。
「性奴隷を利用しろ」と言ったも同然なのだ。
日本の政治家は、昔ながらの男尊女卑と、倫理的に緩い性意識で、「性欲処理は買春で済ませ」と簡単に発言する危険性があるから、国際的には恥ずかしい人種が多い。
日本人男性が普通に享受している「性風俗」も、グローバル・スタンダードでは「女性の人権」を無視していると取られかねない。
東京都議会の女性議員蔑視ヤジも、アメリカなら議員辞職だ。
日本人男性の頭の中は、タリバンやイスラム国の男たちに近い。
「女性の人権」が、キリスト教的倫理観から来る「建て前」に過ぎなくても、その「建て前」が西洋人の世界では厳格になっている。
早く結婚した方がいいんじゃないか
自分が産んでから

1872年（明治5）7月、横浜港に停泊中のペルー船籍のマリア・ルース号から一人の清国人が海に逃亡し、イギリス軍艦が救助した。
この逃亡者がきっかけで、マリア・ルース号には231名の清国人の苦力《クーリー》が乗っており、イギリス在日公使はこれを「奴隷船」と認識し、日本政府に救助を要請した。
副島種臣《そえじまたねおみ》外務卿は人道主義と日本の主権を主張し、清国人全員を救出した。
マリア・ルース号の船長は訴追され、日本初の国際裁判が行われ、裁判所は苦力を「奴隷契約」であると認定した。
このとき、ルース号の船長側の弁護人は、こう主張した。
日本が奴隷契約が無効であるというなら、日本において最も酷い奴隷契約が有効に認められて、悲惨な生活をなしつつあるではないか。
それは遊女の約定である！

このときから売春婦・慰安婦は
「性奴隷」という西洋の認識と、
性風俗も文化であるという日本の認識の衝突が始まっている。
日本国内で娼妓という「人身売買」が公然と行われており、奴隷売買を非難する資格はないとの批判を考慮して、日本は、ついに公娼制度を廃止せざるを得なくなり、同年10月には「芸娼妓解放令」が出されるのだ。
この「芸娼妓解放令」は「牛馬解き放ち令」とも言われ、司法省達《たつし》には、「娼妓芸妓は牛馬と同じ。牛馬に借金の返済を迫る理由はない」と書いてあった。
司法省
このときの司法卿は日本における近代刑法の始祖・江藤新平である。
江藤は法律における基本的人権と男女平等をすでに理解していた。

江戸時代の幕府役人が
娼妓を牛馬並みに、
1頭2頭と数えていたから、
江藤はこれを逆手にとって、
人ヨリ牛馬ニ物ノ返済ヲ求ムルノ理《り》ナシ故《ゆえ》ニ従来《じゅうらい》同上《どうじょう》ノ娼妓芸妓《しょうぎげいぎ》ヘ借《か》ス所《ところ》ノ金銀並《ならび》ニ売掛滞金《うりかけたいきん》等ハ一切債《はた》ルヘカラサル事
として娼妓の借金を帳消しにして解放しようとしたのだ。
ところが「芸娼妓解放令」でも、
本人の意思に基づく
売春行為は認めたため、
公娼制度は「貸座敷」として
復活してしまうことになる。
昭和恐慌では
東北を中心に農村は
壊滅的に困窮し、
娘を女衒《ぜげん》に売る
農家が続出。
娘身賣の場合は
村相談所
この状況が背景にあり、
政治の退廃を怒った
青年将校らが起こしたのが
2・26事件であることは
よく知られている。
慰安婦を「性奴隷」とする
西洋の価値観との衝突は、
明治5年の
マリア・ルース号事件から
始まっていた。
これは重要である。

さて、2014年9月、朝日新聞が慰安婦問題でついに「吉田清治の強制連行証言は虚偽だと認め撤回」し、「挺身隊《ていしんたい》と慰安婦の混同も認め訂正」したわけである。
読者の疑問に答えます
強制連行
慰安婦問題 どう伝えたか
「軍関与示す資料」
「挺身隊」との混同
「元慰安婦 初の証言」
わしはついに冤罪が晴れたような感覚ですっきり！
17年前に慰安婦問題を描き始めた頃は、「レイプ魔の味方」と言われ、「セカンド・レイプ」と非難され、散々だった。
慰安婦の記述が中学の教科書に載せられると聞いて、「新しい歴史教科書をつくる会」の立ち上げに参加したが、記者会見では、マスコミ関係者から罵声・怒号の嵐！
翌日、記事にしたのは産経新聞のみ。
朝日・毎日はベタ記事。読売新聞には載ってなかった。
マスコミはどこも冷ややかに無視だったのだ。
東大の、ある講座にゲストで出たら、最前列の席を極左学生が占めていて、ずっとにらみつけていた。
「つくる会」の事務所に放火した奴もいて、西尾幹二は変装して外出していた。
当時は極左からの暴力も覚悟せねばならない日々だったのだ。
「つくる会」事務所放火
ゲリラ犯行の可能性

朝日新聞は、福岡の市民団体が
わしに抗議したら記事にして、
左翼運動家との裁判闘争に
わしが負けたときは
大きな記事にした。
ところがわしが勝訴したら、
目立たぬベタ記事だった。
漫画と活字 壁崩す一歩
「ゴー宣」引用は適法
論説が「主」
被告側「批評で議論深く」
原告側「便乗本あふれる」
上・中／1999年9月1日 下／2000年4月25日夕刊
『戦争論』がヒットしたら、
朝日新聞は二度もわしの
名前を社説に出して
批判した。
小林よしのり
戦争論
社説
「国民の物語」の危うさ
「戦争論」が教えるもの
右／1998年8月16日 左／1998年12月8日
それでも朝日新聞が
慰安婦問題で
訂正記事を載せたら、
冤罪を被せた犯人が
犯行を自白したみたいで、
よく白状してくれたと
気分が晴れた。
わしは無実
だーーっ!
わしは女性に
優しいぞーーっ!
レイプ魔の味方じゃ
なかっただろーーっ!
わしは今さら朝日新聞に
憎しみなど起こらず、
当時何のリスクも
取らなかった連中が一斉に
朝日新聞バッシングを
始めた様子の方に、
嫌悪感を覚えるのみ。
週刊文春
朝日新聞と従軍慰安婦
朝日新聞不買運動
私の結論
17年前は、わしや「つくる会」を
皮肉を込めて、意地悪くしか
報道しなかったマスコミが、
一斉に右向け右とは!
戦前は右向け右!
戦後は左向け左!
今は右向け右!
ザザッ
ザザ
ザザッ
ザザーッ

朝日新聞が「訂正」したら、「謝罪」がないと言い、「謝罪」したら「反省」がないと言い、
まるで日本に反省と謝罪を求め続ける韓国・中国人と似た執拗さだ。
朝
渋谷を通り掛かったら、白い街宣車で、朝日新聞の不買運動をしていて、廃刊しろと言ってる連中がいる。
「運動」が好きな連中だなあ。
「売国奴」と認定したら、どこまでも追い詰めて破滅させたいと思うほど憎悪するのだろうな。
近頃の嫌韓・反中ブームに通じる「憎悪のナショナリズム」である。
韓国人でも、中国人でも、日本人でも、アイデンティティーが揺らいでいる人間は「憎悪のナショナリズム」に嵌ってしまう。
排外の会
出ていけ
笑えるほどたちが悪い韓国の話
竹田恒泰
大嫌韓時代
呆韓論
韓国よ、いい加減にしろ!
戦時中にも、「売国奴」と認定して、憎悪するナショナリズムは流行した。

人の悪口を言い合えば仲間になれるように、人や他国を憎悪すれば連帯感が強化され、快感に繋がる。
弱い者たちは共に憎むことが好きなのだ。
もはや愛国心などというものではなく、憎悪そのものが快感なのだ。
「憎悪のナショナリズム」の人々は、声をそろえてこう主張していた。
朝日新聞がついに吉田証言を虚偽だと認めた！
慰安婦狩りなどなかった！
「強制連行」はなかった！
この件を海外に発信すれば、「性奴隷」という誤解は解けるのだ！
朝日廃刊
河野談話見直せ
性奴隷はウソ
強制連行なかった
朝日新聞を廃刊に追い込め！
河野洋平を国会招致して吊るし上げろ！
河野談話を見直せ！
新談話を出せ！
だがもはや国際社会ではそんな単純な話ではなくなっていた。
海外に知れ渡った慰安婦問題は「強制連行」など関係なくなっていたのだ。
慰安婦の存在そのものが、マリア・ルース号事件の頃の「芸娼妓」に対する西洋人の反応と同じ、「性奴隷」なのである。
人狩り、人さらいという集め方でなくても、「前借金」で女衒に売られた娘を売春婦にするという行為は、「女性の人権」を無視している。
女性を牛馬並みに扱っていると、海外では見られている。

「強制連行」を打ち消しても、軍が関与する慰安所に兵隊たちがズラッと並んで待っている。
お金を払っているから商行為だと、日本国内で主張するのはいいが、世界の女性たちが許してくれない。
慰安婦という「女性の人権侵害」が軍隊と結びついている分、世界の女性たちが嫌悪感をより強く持つのだから、「他の国もやっていた」などと弁解しても、さらに反発を招く。
外務省は、そのことがわかっているはずであり、内閣に進言しているだろうから、安倍首相が「河野談話」を見直すことはあるまい。
その上、安倍政権は、女性大臣を増やし、「女性活躍担当相」などという奇妙な名の大臣職まで作って、女性の人気取りをしている。
まるで小学生が付けたような「活躍大臣」というネーミングが馬鹿くさい。
活躍足りませんことよ——っ!
活躍しましょ——っ!
活躍大臣に続け——っ!

9月13日、安倍首相は、女性が活躍する社会の実現に向けて議論する国際会議でスピーチし、
「21世紀こそ、女性に対する人権侵害のない世界にしていく」
と強調し、国連の女性政策を担う「UN Women」の日本事務所を2015年、東京に開設すると発表し、国連と連携して女性の権利保護に力を尽くす考えを示した。
安倍首相は国連の価値観にすり寄って、「21世紀こそ…」と宣言するが、
20th CENTURY
それは当然「20世紀には女性の人権侵害があった」ことを前提にしている。
20世紀の女性の人権侵害とは、慰安婦問題である。
「性奴隷」を暗示しているのだ。
かねがね安倍首相は、オバマ大統領や、朴槿恵《パククネ》大統領の慰安婦問題に関する「甚だしい人権侵害」という発言に対してもこう発言している。
筆舌に尽くし難い思いをされた慰安婦の方々を思うと、本当に胸が痛む。
20世紀は女性をはじめ多くの人権が侵害された世紀だ。
21世紀はそうしたことが起こらない世紀にするため、日本も大きな貢献をしていきたい。
安倍首相は「性奴隷」を「20世紀の女性の人権侵害」という表現にして、何度も何度も言っているのだ。
20世紀は女性をはじめ多くの人権が侵害された世紀だ

そもそも第1次安倍政権時代の2007年4月27日、訪米した安倍首相とブッシュ大統領の共同記者会見の段階で、すでに安倍首相は慰安婦問題で謝罪しているのだ。
自分は、辛酸をなめられた元慰安婦の方々に、人間として、また総理として心から同情するとともに、そうした極めて苦しい状況におかれたことについて申し訳ないという気持ちでいっぱいである。
20世紀は人権侵害の多かった世紀であり、21世紀が人権侵害のない素晴らしい世紀になるよう、日本としても貢献したいと考えている、と(議会で)述べた。
またこのような話を本日、ブッシュ大統領にも話した。
これに続けてブッシュの発言はこうだ。
私は安倍総理の謝罪を受け入れる。
自分は、河野談話と安倍総理の数々の演説は非常に率直で、誠意があったと思う。
今から8年前、もうとっくにアメリカ人にとって、安倍首相は、慰安婦問題で「謝罪」した人になっている。

「20世紀は女性の人権侵害の世紀」
この発言を今も安倍首相が多用しているということは、もう「河野談話」を見直すとか、破棄するとか、そういう意思はないということだ。
20世紀は女性の人権侵害の世紀
性奴隷
安倍首相は「河野談話」を守る!
河野談話見直せー!
破棄しろー!!!
ここまで「女性の人権」におべっか使ってる安倍首相が慰安婦問題で国際社会と戦えるはずがない!
慰安婦は貧困ゆえの不幸である。
娘が身売りしなければ、弟や妹が餓死するしかないくらいの貧困だ。
親にとってみれば、子供たちを餓死させたくない!
病気の子のクスリを買ってあげたい!
そういうギリギリの選択で娘を女衒に渡すのだ。
だが娘は、まさかこんな地獄だとは思いもしなかった!

「公娼制度」は、娘を犠牲にする面はあるが、家族の貧困の救いであり、
プロの娼婦にとっては大金を稼ぐシステムでもあり、
「公娼制度」からだって日本文化は発生した。
そして身受けされて幸福になった女性もいた。
それはキリスト教文化圏のように売春を罪悪として差別する感覚が、日本人にはないからである。
だが、キリスト教文化が、グローバル・スタンダードになっている世界では、上のような日本的価値観がなかなか理解されない。
ごーまんかましてよかですか？
グローバリズムを受容する者たちが慰安婦「性奴隷」の価値観に抗うことがそもそもおかしい！
親米ホシュ派は、「20世紀は女性の人権侵害の歴史」と言ってりゃいいのである！
女性の人権侵害
＝
性奴隷

ゴーマニズム宣言
SPECIAL
新戦争論1
第20章
日韓基本条約に立ち返れ

慰安婦問題が連日報道され、日韓関係の歴史について関心が高まっている…
…かと思ったら、ラジオでこんな発言をしている人がいて驚いてしまった。
radiko.jp
日本は戦争に負けた時に、韓国と講和条約を結んで賠償をしたわけで…
radiko.jp
ありゃりゃりゃりゃりゃ…？
講和条約って戦争を終結させるための合意条約だよ。
日本と韓国は戦争していないし、もちろん講和条約なんか結んでいない！

明治43年（1910）の
韓国併合以降、
韓国は日本の一部であり、
韓国人は
日本兵となって
連合国と戦い、
靖国神社に
祀られている人も
いるのだ！
昭和20年（1945）8月15日、
日本の敗戦により
朝鮮半島は日本本土と
同様に連合国の占領下に
入ったが、
ほぼ米国のみによる
占領となった
本土とは異なり、
北緯38度線を境に
北部をソ連、
南部を米国が
分割統治した。
そして東西冷戦の
激化に伴い、
そのまま北朝鮮と
韓国に分裂して
独立。
さらに東西対立の
代理戦争となった
朝鮮戦争が
勃発した。
日本は米国に
促される形で
朝鮮戦争中の
昭和26年（1951）から
韓国と国交樹立交渉を
始めるが、交渉は
難航を極めた。

紛糾した課題の一つに、韓国側が要求した「賠償」の問題があった。
賠償は講和条約に基づいて、敗戦国が戦勝国に対して行うものであり、
交戦国ではなく、講和条約も結んでいない韓国には、国際法上、日本に対する賠償請求権がない。
実際、世界的に見ても植民地が独立する際に、宗主国が賠償金を払った例など、それまでなかったのである。
インド
アフガニスタン
ビルマ(英領)
インドシナ(仏領)
香港(英領)
フィリピン(米領)
ブルネイ(英領)
マライ(英領)
インドネシア(蘭領)
しかも日本は朝鮮領有時、莫大《ばくだい》な公共投資をして大規模農地、鉄道、港湾、道路などのインフラ整備を行っている。
日本は沖縄返還の際、米国が沖縄に行ったインフラ等の資産の買い取り代金1億7500万ドルを含む3億2000万ドルと、非公表の財務負担1億9000万ドルを米国に支払っている。
それならば、逆に日本が韓国にインフラの買い取り代金を請求してもよかったことになる。

また、インドがイギリスから
独立した際に見られたように、
宗主国の国民や企業が
旧植民地に持っていた資産は
そのまま保証される場合は
多くあったが、
日本人や日本企業が
韓国に残した資産は
一切返還されてない。
その額は、軍事用資産を
除いて約53億ドルにも上る。
これらを全て放棄した上に、
さらに賠償するというのは
全く道理が合わなかったのだ。
実際、日中国交回復の際に
中国が賠償を放棄した一因も、
日本が満州等に残した
膨大な資産があったためだという。
韓国との交渉は紛糾を
重ねて15年間にも及び、
昭和40年(1965)6月、
日韓基本条約
(日本国と大韓民国との間の
基本関係に関する条約)
及び付属協定が調印され、
同年12月発効。

日韓両国は国交を樹立。
この際、いわゆる「賠償」の問題でも日韓両国は合意に達している。
日韓基本条約において（正確には付属協定の「財産及び請求権に関する問題の解決並びに経済協力に関する日本国と大韓民国との間の協定」においてだが、煩雑なので便宜上ここではこう表記する）、
日本は韓国に合計8億ドルを支払っている。
先述のとおり、日本が韓国に「賠償」をする国際法上の根拠はないため、これは賠償ではなく『経済協力金』の名目で行われた。
内訳は無償で3億ドル、長期低利融資の有償2億ドル、民間借款3億ドルを、10年に分けて支払ったのである。
当時は1ドル360円の固定相場制で、無償供与の3億ドル＝1080億円は、日本の国家予算の40分の1、
韓国の国家予算とほぼ同額だった。
当時の日本の外貨準備額は18億ドル程度しかなく、外貨の持ち出しが厳しく制限されていたことや、当時の物価水準を考えると、極めて莫大《ばくだい》な経済協力だった。

そして、この莫大な経済援助と引き換えに、韓国は、国家としても、個人としても、賠償請求権を放棄することを明確に約束したのである！
経済協力協定の第2条第1項の条文には、両国およびその国民の財産、権利、利益ならびにその請求権に関する問題について、こう明記されている。
完全かつ最終的に解決されたこととなることを確認する。
韓国はここに、国家と個人ともども、いわゆる「賠償」に関する問題を、今後一切、持ち出さないと約束したのである。

日本政府は
日韓基本条約の
交渉中、
個人補償を
申し出た。
だが韓国側は
「政府が
一括支払いを受け、
処理する」として
これを拒否した。
また、日本側は
北朝鮮に対する
「賠償」も考えていた。
だが韓国政府は、
朝鮮半島唯一の
合法政府は韓国であり、
北朝鮮に支払う分は
韓国が受け取り、
韓国が朝鮮半島を
統一した後に
北朝鮮地域に分配する
と主張した。
日韓基本条約によって
日本が支払った
8億ドルには、
個人に対する補償も、
北朝鮮に対する補償も
含まれていたのである。
ところが、韓国政府が
自国民に支給した
補償金は、
死亡者に対しても
数万円程度だった。
資金の大部分は
インフラ整備や
産業への投資に回され、
これが『漢江の奇跡』と
呼ばれる経済発展に
つながったのである。

日本と韓国の間の
「賠償」に関する問題は、
本来ならば国際法上も
道理の点からも、
支払う根拠のない
莫大な金額を
日本が支払って
「完全かつ最終的に解決」
したのであって、
その後で蒸し返したり
ひっくり返したりする
ようなことは、
決してやってはいけない
ことなのである。
15年にも及んだ
日韓基本条約の交渉では、
ありとあらゆる課題が
俎上《そじょう》に載せられたが、
慰安婦に関しては
一切話題にもなっていない。
当時を知る人たちにとっては、
慰安婦とは貧困のために
身を売らざるを得なかった
女性で、国家補償の対象とは
なり得ないことは常識であり、
これを問題化しようという
発想すら起こらなかったのだ。
慰安婦「問題」というものは、
80年代、90年代となって
当時を知らない世代が
社会の中核を占めるように
なってから作られたものである。

後になって作られた問題で、日韓基本条約において「完全かつ最終的に解決」したとされた結論を反故《ほご》にするなどということが通用したら、国際条約というものが一切役に立たなくなってしまう。
それは、事件・事故における「示談」と同じである。
両者が合意に至って「示談」が成立したら、後でいかに不満が出てきても、蒸し返すことはできない。
何十年も経ってから、「あの時は言わなかったが、実は足の小指が痛い」などと言い出して、謝罪しろ、補償しろと要求するなんてことがまかり通るようになってしまったら、もう法秩序は崩壊する。
日韓で慰安婦問題に火をつけたのは日本人の左翼活動家と朝日新聞らマスコミだが、彼らに全責任があるわけではない。
他ならぬ日本政府が、韓国内でどれだけ反発があろうと「日韓基本条約で解決済み」として突っぱねなければならなかった！

ところが、宮沢首相（当時）は、わけもわからずに謝罪してしまった！
国の最高権力者が謝罪を決めたのだ！
謝罪すれば次は補償をという話になるのだが、日韓基本条約で「完全かつ最終的に解決済み」である以上、慰安婦に対して、国家として賠償することはできない！
韓国政府も、国際条約を尊重する近代国家ならば、自国民に対して「日韓基本条約で解決済み」と言わねばならなかったのだ。
ところが、韓国政府は自国民も抑えきれず、世論に怯《おび》えて、謝罪を文書化するよう日本政府に要求し、「河野談話」が作られてしまった。

そこで日本では、民間基金の
「アジア女性基金」
というのを設立して、
200万円の「見舞金」
（後に「償い金」という名称になる）
を支給、
300万円程度の
医療福祉を提出し、
首相のお詫びの手紙を
渡すこととした。
日本国 内閣総理大臣
橋本龍
国際条約を反故にして
国家賠償を行うということは
絶対に出来ない以上、
民間の形（といっても税金も投入）で
行うのが、
日本が出来得る最大限の
善意だったのである。
ところが韓国では、
国際条約を反故にして、
あくまでも日本から
国家賠償をとらなければ
ならないとする
狂信的な反日団体があり、
見舞金の支給を受けた
元慰安婦が
差別や脅迫を受ける
という事態となる。
そして、当初は
アジア女性基金を歓迎する
姿勢を見せていた韓国政府も
反日世論の圧力に屈し、
アジア女性基金の
受け取り拒否を通告するに
至ったのである。

日本としては、本来
やる必要のないことまでやって、
出来る限りの手を尽した。
悪いのは
それを受け入れない
韓国の方である！
ところが、韓国の反日団体は
国際社会に訴えて問題化
させる活動に熱心で、
米国のあちこちに
「慰安婦像」を建てている。
まあ、こんな像を
米国のあちこちに
百個も建てれば、
さすがにアメリカ人が
うんざりするだろうが。
そして現在の朴槿恵《パククネ》政権も
そんな反日世論を抑えきれず、
またもや日本政府に
何とかしろと要求して
きているのである。
さすがにもうこれ以上、
お人好しになっては
いけない。
ただし、日本の側の
対処の仕方も考え
直さなければいけない。
これは歴史認識の
問題ではない。
国際条約の
問題である！

国家としてはもう日韓基本条約で済んだ話だ。
国家と国家の条約とはこういうものだ。
本来ならもう何もする必要はないのに、我々は民間基金まで作ってこの問題を解決しようとした。
それでも受け入れない韓国の方が悪いのだと、日本人は、世界に訴えなければならない！
もしもこの問題でこれ以上、韓国側に妥協し、「日韓基本条約」が形骸化してしまったら、その災厄は全世界に広がってしまうだろう。
ありとあらゆる国際条約が、後々の都合で反故にされ、
解決済みの問題が未解決にされるということがまかり通ってしまう。
行きつく先は国際秩序の崩壊だ！

「20世紀は女性の人権が侵害された時代だった」なんて言ってりゃ、
「やっぱり性奴隷にしたんだな」と、世界中が思うだけだ。
「性奴隷か否か?」の議論を世界を相手にやるのは相当なリスクが伴い、長期戦になる。
日本は「国際条約」の意義を主張すべきなのだ!
ごーまんかましてよかですか?
慰安婦問題は、条約に基づく国際秩序を守るのか?
あるいは条約を形骸化させ、国と国の信用を崩壊させるのか?という問題だ!
日韓基本条約の内容と意義を徹底的に世界に主張すべきである!!

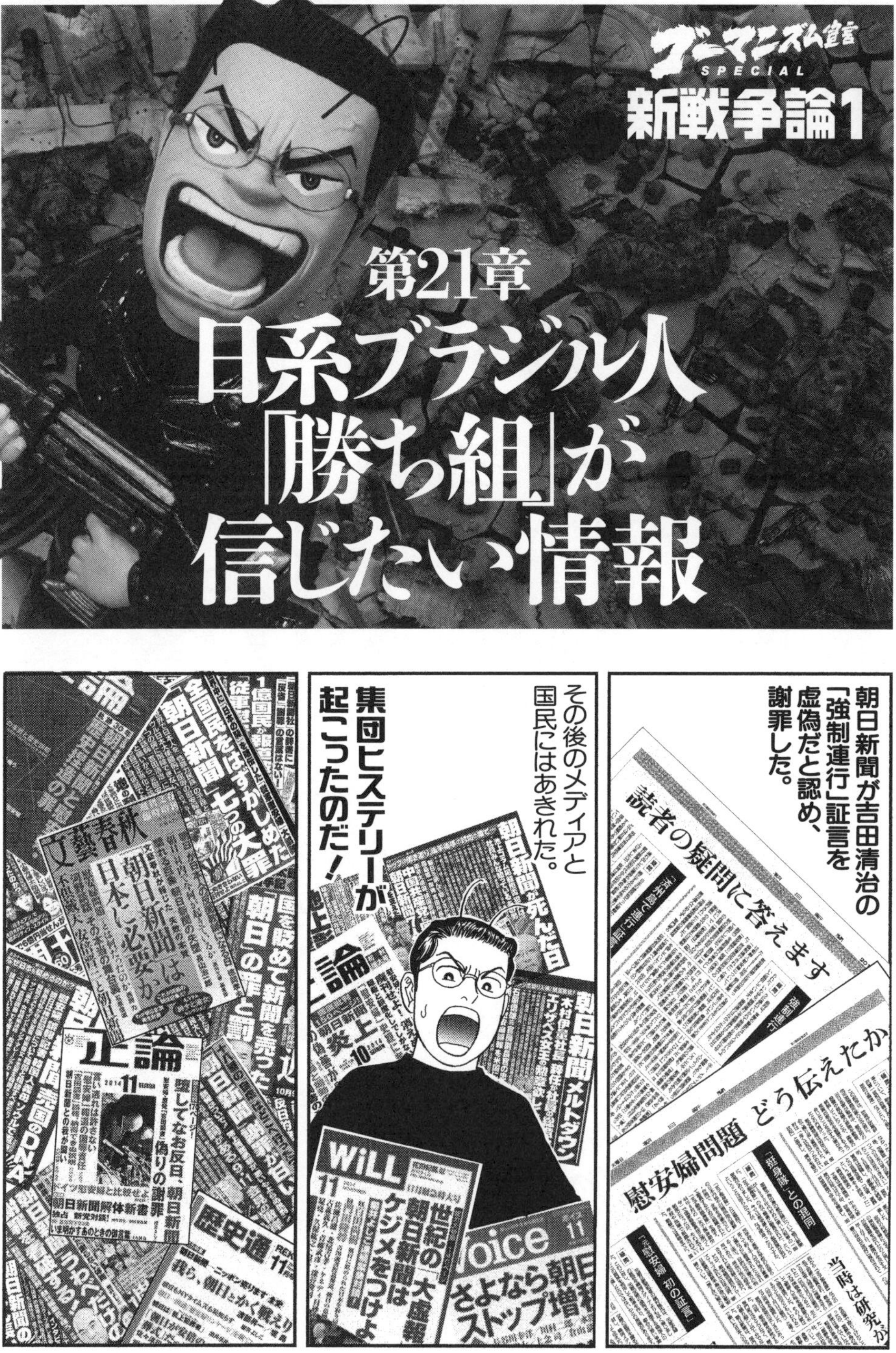

ゴーマニズム宣言
SPECIAL
新戦争論1
第21章
日系ブラジル人「勝ち組」が信じたい情報
朝日新聞が吉田清治の「強制連行」証言を虚偽だと認め、謝罪した。
読者の疑問に答えます
慰安婦問題 どう伝えたか
当時は研究が
その後のメディアと国民にはあきれた。
集団ヒステリーが起こったのだ！
朝日新聞が死んだ日
朝日新聞メルトダウン
WiLL
世紀の大虚報
朝日新聞はケジメをつけよ
さよなら朝日
全国民をはずかしめた
朝日新聞七つの大罪
文藝春秋
朝日新聞は日本に必要か
国を貶めて新聞を売った
「朝日」の罪と罰
正論
壊してなお反日、朝日新聞
偽りの謝罪
朝日新聞解体新書
歴史通

誰も彼もが、朝日新聞バッシングを始めた。
「廃刊にせよ！」と叫ぶ言論人までがいた。
朝日廃刊
気に食わないメディアは消滅させろと言うのは言論人の命取りである。
民主主義に対する破壊行為である。
「水に落ちた犬は叩け」というのは、中国の有名な諺だが、なんと「水に落ちた犬は叩き続けろ」と言った言論人までがいた。
もはや日本人の感性ではない。
誰もがこう主張していた。
朝日新聞は自らの誤報を世界に発信すべきだ！
政府はもっと世界に「強制連行」がなかった事実を説明すべきだ！
ギャン
ギャン
ギャン
ギャン
ギャン
河野談話を見直すべきだ！
売国奴！
国賊！
新談話で骨抜きにしろ！
「強制連行・虚偽説」を説明すれば、国際社会は「性奴隷」という表現をやめてくれるはずと信じているのだ。
朝

国連人権委の「クマラスワミ報告書」が、吉田証言に影響されて、過剰な記述になっていることは確かなので、そこは改めさせてもいいだろう。
UNITED NATIONS
Economic and Social Council
E
日本の歴史教科書から、「強制連行」をにおわせる記述は消すべきだし、そもそも青少年の教科書に、売春やレイプの記述を載せることが非常識なのだ。
教科書からは、慰安婦の記述は全面的に削除すべきだろう。
日本史
だが残念ながら国際社会では、慰安婦問題はもはや「強制連行」という論点は重要ではなく、
「強制性」のみで「性奴隷」になっている!
SEX SLAVES
性奴隷
この事実をわしは「SAPIO」の欄外で書いたり、ブログで何度も書いたりして、警告していたのだが、誰も聞く耳を持たない。
「東洋経済」だけがインタビューに来てくれた。
ゴー宣道場
YOSHINORI KOBAYASHI
よしりんの『あのな、教えたろか。』
東洋経済
ビジネスマンのための歴史問題
愛国バカは国を滅ぼすぞ
2014/08/18 慰安婦性奴隷説と集団的自衛権はセット
2014/08/21 一周遅れの自己満足な慰安婦議論
強制性と性奴隷の意味がわかってない奴ら
慰安婦問題では今まで、コトがあればわしに取材が来てたのに、今度はどこも来ない。
この問題ではわしより無知な言論人ばかりが発言している。
しかも無意味な内容ばっかり。
なんで?

メディアは朝日新聞バッシングで商売すると決めていたのだ！
それが確実に売れるからである！
わしの意見は商売の邪魔になるから、必要なかったのだ！
週刊珍潮
FooL
人が知りたくない事実を載せても商売にならない。
それがメディアの大欠点である！
王様は裸だよー
人は信じたい情報しか信じないのだ！
すっげーごーかな服着てるー
大東亜戦争の真っ最中に、「日本軍が負けている」という情報をメディアが出さなかったのは、大本営発表の規制のせいだけではない。
そもそも日本人が「負けている」という情報を見たくない、信じたくないと思っているからだ。
「負けている」と書けば、部数減で商売にならない。
メディアと国民と政府は、結託して「不都合な事実」から、目をそらすものだ！
戦前の日本人も戦後の日本人も何も変わらない！
日本人が付和雷同で、「個」が全然確立しないから、国家を誤った方向に導いてしまうのである！

慰安婦問題でも、まず真実を知らなければ、国際社会の偏見と戦えるはずがないのに、知ろうとしない。
左翼の自虐史観ヒステリーも、自称保守の自尊史観ヒステリーも根っこは同じだ。
真実を知る勇気がないのが、日本人の多数派なのだ！
この章では、日本の敗戦後に、ブラジルの日系社会で起こった、奇妙な、そして悲劇的な事件の顚末を紹介しよう。
日本人そのもののの危うさから、目をそらすんじゃない！
「木村の前に木村なく、木村の後に木村なし」「鬼の木村」と言われた不世出の柔道家・木村政彦は昭和26年（1951）7月ブラジルに渡り、
後に「最強の格闘技」とも言われることになるグレイシー柔術の創始者、エリオ・グレイシーと伝説的な試合を行い、勝利を収めた。
そのことは長らく埋もれた歴史となっていたが、総合格闘技ブームの中で世に知られるようになり、「プロレスで力道山に敗れた」ということのみが長らく語られていた木村政彦の再評価が行われるようになった。

そんな木村が渡伯（ブラジルは漢字で「伯剌西爾」と書く）した時、ある大きな酒席にて…
日本が戦争に勝ったんだろ！
日本は負けました。
嘘を言うなっ！
ザワ ザワ
しかし…
負けてないだろ！
はっきりここで言ってくれ！
木村たちはなんとか状況を説明しようとするが、目の前の猛《たけ》り狂った群衆は聞く耳を持たず、かえって非難を浴びせてくる。
そのまま数時間にわたって詰問《きつもん》された。
その後、木村たちはブラジルを離れるまで、この種の質問には「まだ戦争は終わっていない」あるいは「結果は知らない」などとごまかすしかなかった。

日本の敗戦からすでに
6年を経過してなお、
地球の裏側・ブラジルでは
25万人の日系移民のうち
8割以上が、
日本は戦争に勝ったと
頑《かたく》なに信じていたのである!!
日本からブラジルへの移民は
1908年に始まる。
日本は過剰な人口の移民先を
必要としていたが、
アメリカで人種差別による
日本人移民排斥運動が
激化したため、
新たな受け入れ先を探していた。
一方ブラジルは、奴隷制廃止後の
新たな労働力を欲していた。
さあ行かう
一家をあげて南米へ
ブラジル
海外興業株式會社
移民募集の際は高賃金が謳《うた》われ、
参加者の多くは「出稼ぎ」を目的に、
ブラジルで金を貯めて
いずれ「錦衣《きんい》帰国」する日を
夢に描いて渡航した。

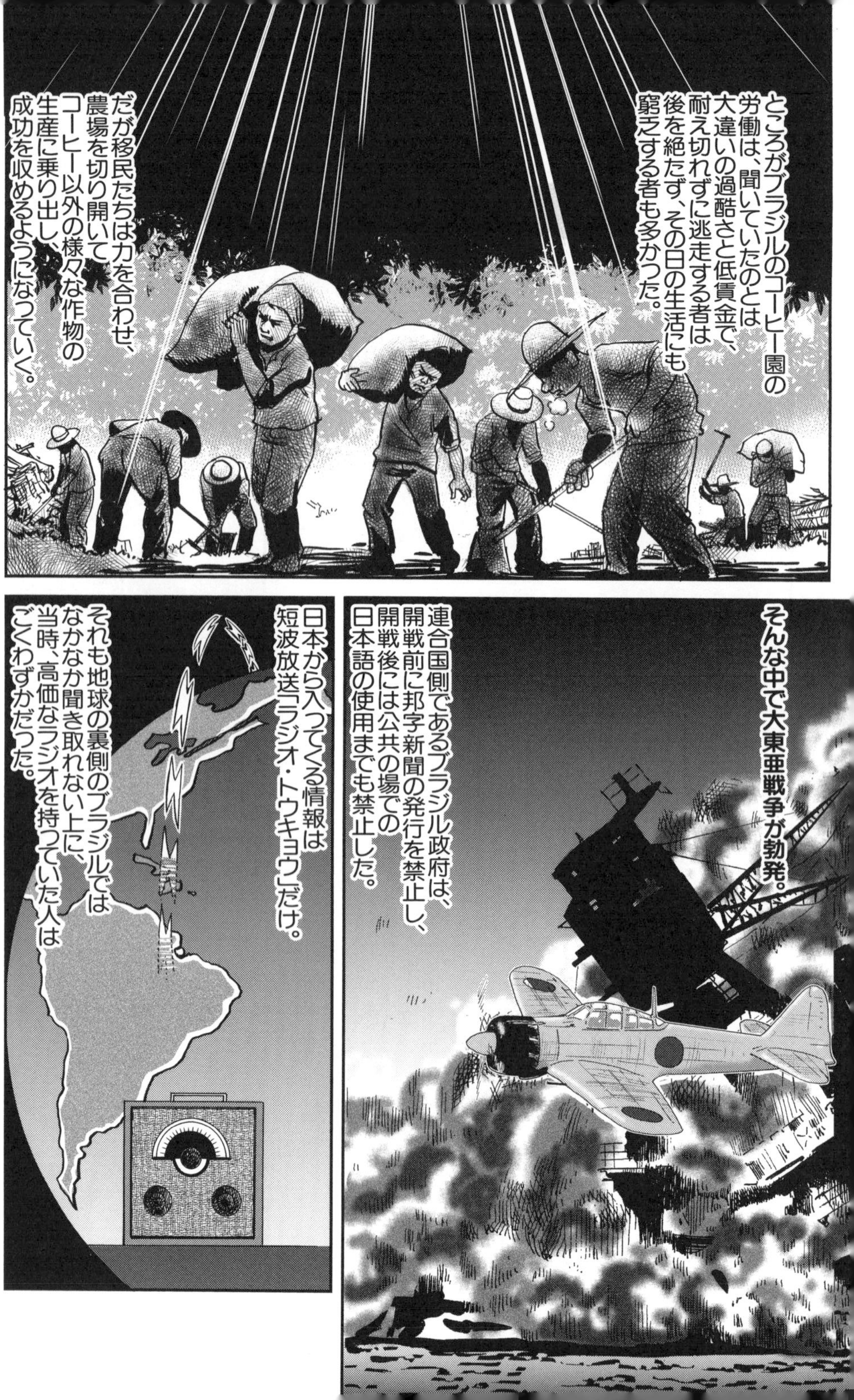
ところがブラジルのコーヒー園の労働は、聞いていたのとは大違いの過酷さと低賃金で、耐え切れずに逃走する者は後を絶たず、その日の生活にも窮乏する者も多かった。
だが移民たちは力を合わせ、農場を切り開いてコーヒー以外の様々な作物の生産に乗り出し、成功を収めるようになっていく。
そんな中で大東亜戦争が勃発。
連合国側であるブラジル政府は、開戦前に邦字新聞の発行を禁止し、開戦後には公共の場での日本語の使用までも禁止した。
日本から入ってくる情報は短波放送「ラジオ・トウキョウ」だけ。
それも地球の裏側のブラジルではなかなか聞き取れない上に、当時、高価なラジオを持っていた人はごくわずかだった。

ブラジル在住の日本人の中には、戦前に日本企業で働いて残留した者もいるし、高校や大学で学び、医師や弁護士になっていた者もいた。
そのような知識人層はブラジルの公用語であるポルトガル語が読めるため、地元の新聞から情報を得られたが、それは全体の中ではごく少数だった。
移民のほとんどは出稼ぎ目的だったためにポルトガル語をほとんど習得せず、「コロニア」と呼ばれる共同体の中だけで生活していた。
そのために戦争中、移民の多くはほぼ情報遮断状態に置かれたのである。
そして戦争末期──さすがに日本軍が各地で敗北、後退しているらしいという噂《うわさ》が入ってくる。
そこで広まった風聞が「日本軍の後退は戦術であり、そのうち、ひとまとめにして叩く」というものだった。
この戦術後退説は、日本の内地までも広まっていたが、ブラジルの日本人たちは「それでこそわが日本軍だ」と感銘《かんめい》と共に信じ込み、自分たちもお国のために何か役にたたねばと、焦りにも近い気持ちを抱いた。

そんな中、日本人コロニアに「敵性産業撲滅《ぼくめつ》運動」を掲げた団体が結成され、アメリカに輸出されて軍需製品の生産に使われる「敵性産業」はハッカ栽培と養蚕《ようさん》であると決めつけ、日本人のハッカ精製工場や養蚕小屋を焼き打ちにする事件を繰り返した。
だが、ハッカと養蚕が「敵性産業」というのは、言いがかり以外の何ものでもなかった。
養蚕については、絹布が落下傘《らっかさん》に使われるというのだが、米軍の落下傘は化繊製だった。
ハッカに至っては、「ニトログリセリンにハッカを配合すると爆発力が300倍になる」だの、「ハッカをつけるとヒンヤリするから発動機の冷却に使う」だのという、デタラメな理由だった。
そもそも「敵性産業」というならブラジルの主要産業であるコーヒーも綿花も主な輸出先はアメリカであり、綿花は確実に軍服などの素材になっていたのに、それは狙われなかった。

アメリカのハッカと絹はもともと日本産の独壇場《どくだんじょう》で、開戦で輸入が途絶えた代替《だいたい》品として日本人移民が作るブラジル産が急増した。
それに嫉妬《しっと》した者が、「敵性産業」をでっちあげていただけなのだが…
この破壊行為に加わっていた者たちは、これこそが利敵行為を行う非国民に天誅《てんちゅう》を加える「臣道実践《しんどうじっせん》」の愛国活動だと言い聞かされ、そう信じていた。
一方で襲われた側も、開戦による特需で儲《もう》けたという後ろめたさから被害届を出さず、
それがかえってテロ行為を増長する結果となった。
この「敵性産業撲滅運動」はさらにエスカレートし、終戦間際の1945年7月、「臣道連盟」なる団体が結成され、日本人コロニア内の「思想善導」を始める。
その綱領の概略は「我等は大日本帝国臣民なり。日本民族としての美を保有し正しき着眼と、正しき思想のもとに、心身の練磨をはかり、皇国民としての練成を目的とする」…といったものだった。

情報もなく戦時中の不安に駆られていた移民たちは、日本人意識を強め、団結を希望していたために「臣道連盟」の運動を強く支持し、**「神国不敗」**の信念を強めていった。
一方で知識人層は、もちろんブラジルでの報道で日本の敗色が濃厚であることを理解し、降伏の日が来ることを覚悟していたが、
そのような態度は移民たちの目には**「敗戦を希望する非国民」**として映った。
そして1945年8月15日（ブラジル時間14日）、玉音《ぎょくおん》放送が流れ、日本全国、および世界各地の日本人が敗戦を知った。
日本人コロニア内にも「ラジオ・トウキョウ」を聞いた者から**「どうも負けたらしい」**と一報がもたらされ、大きな衝撃が走った。

だがその数時間後には
「確報」として、
「一部に流れた日本人の降伏とか
敗戦というニュースは
アメリカ軍の流した陰謀デマで
真相は日本の大勝利のうちに
終わった」
というガリ版刷りの「ニュース」が
どこからともなく流され、
その後も
日本軍の「大勝利」を
報じるガリ版刷りが
次々に発行されて、
日本人社会をくまなく
猛スピードで駆け巡った。
「米軍第一、二、三艦隊千百隻のうち
八百隻を沈破。三百隻降伏」
「我帝国は四十二国に対し
無条件降伏を勧告」
「英国は既に降伏、
米国は降伏遅延の模様」
このような荒唐無《こうとうむ》稽《けい》な
怪情報を最も早く
最も大量に発信したのは、
臣道連盟幹部の
三原清次郎という男だった。
三原はレシーバーで
ラジオを聞きながら
何やら速記らしきものを
書き殴り…
皆さん、
今日のニュースは、
こんなのが
入りました。

ところが三原が席を外したすきに他の者がつけてみると…
ザー
ザー…
?
三原さん、何も聞こえないじゃないか!
ザ~
すると三原が言うことには…
このラジオは信念をもってひねると聞こえる!
三原は誰にも聞けない放送を聞きとる能力があるとして仲間内から尊敬され、誰もが有難がってそのニュースを信用した。
そして「三原ラジオ」のニュースはガリ版で印刷、販売された。
皆が競って買い求めるので大変な高値になり、莫大な臣道連盟の活動資金を稼ぎ出した。
三原は単に虚言癖があったわけではなく、新聞記者崩れでポルトガル語が読めた。前日の新聞に載っていたニュースを、日本人が勝ったように直して発表していた。
確信犯の詐欺師だったのだ。

これに続いて、あちこちに特殊な情報が聞こえるラジオが出現し、膨大な怪情報がブラジル中の日本人コロニアを駆け巡り、移民たちはそれを完全に信じ込んだのだった。

怪ニュースはどんどんエスカレートしていき、日本近海での「戦勝」を伝えるものだけではなく、「色も鮮かに日の丸を記した飛行機がブラジルに飛来し、邦人たちが夢かとばかりに驚喜した」というものまで現れた。

「まじろぎもせず凝然《ぎょうぜん》と立つ感動の顔、顔、顔。あー　日の丸！日本機！機は遠ざかり黒い点となり消えてしまったが、誰も立ちつくして動こうとしない」

これに続いて「日本からブラジルに使節団が来る」という「報道」が流れた。
「有田八郎氏(元外務大臣)を首班とする二百名の海外同胞慰問使節団が軍艦数隻に分乗派遣することになった。ブラジル到着は九月二十四日の予定」
このニュースに、「歓迎祝典が開かれる」さらに「この祝典に参加した者は、早く日本に帰れる」などと尾ひれがつき、奥地からも何千人もの日本人が日の丸の小旗を手にサンパウロ市へ出てきた。
9月中旬にはサンパウロの日本人ホテルはどこも満員となった。
ブラジル人たちは敗戦国民のはずなのに欣喜雀躍《きんきじゃくやく》として町中を闊歩《かっぽ》する日本人たちを、ただ奇異の目で見つめるばかりだった。
もちろん、9月24日になっても日本艦隊など現れるわけがない。
日本人たちが不安を抱き始めた頃、「日本艦隊は首都のリオ・デ・ジャネイロに着く」という情報が流れた。

日本人移民のほとんどは、サンパウロ市から60キロ離れたサントス港から上陸したため、港といえばサントスと思っていたわけだが…
そりゃそうだよなあ。戦勝国日本から艦隊が来るのだから、サントスではなくリオに入るに決まっている。
などと言う者が出始め、日本人たちは500キロ離れたリオへと移動していった。
世界三大美港に数えられたリオを、奥地から出てきた労働着姿の日本人の集団が戦勝国民として歩きまわる様は、異様そのものだった。
もちろん、リオにも日本艦隊は現れない。
やがて日本人たちの表情には疲れの色が浮かびいつしかその姿はリオから消えていった。

ブラジルの新聞やラジオは
この日本人の
奇怪な行動を報じた。
ただ興味本位で
取り上げたものもあれば、
今後、日本人がブラジルの
治安を乱すのではないかと
懸念《けねん》を表明するものもあった。
実際、奥地では
祝い酒を飲みすぎた日本人が
日の丸を振りまわして
ブラジル人と小競り合いを
起こしていた。
しかしブラジルの
警察当局にも
デマニュースを取り締まる
法的根拠はなく、
日本人同士で
混乱を収めるように
勧告することしかできなかった。
日本が負けたことを
認識している知識人層は、
勝ちを信じる者たちと
話し合いの場を
持とうとしたが、
ついにその機会は
実現しなかった。
こうして、ブラジル在留の
日本人は通称「勝ち組」と
「負け組」に完全分裂した。
「勝ち組」は自らを
勝利を信じる
「信念派」と称し、
「負け組」は
敗北を認識する
「認識派」と称した。

終戦直後は「勝ち組」が
9割以上を占め、
ガリ版ニュース売りで
潤沢な資金を得た
臣道連盟を司令塔に
組織的活動を展開した。
「勝ち組」は自ら堂々と
「信念派」と名乗り、
「負け組」を
「敗希派」(敗戦希望派)
あるいは「ハイセン」と罵つた。
それに対して圧倒的少数の
「負け組」は堂々と
「認識派」と名乗ることもできず、
敗戦の事実を知らせる
「認識運動」も一向に
効果を上げられなかつた。
1945年9月2日に
東京湾に停泊する
戦艦ミズーリ上で行われた
日本の降伏調印式の
ニュース映画は、
その後、全世界で公開された。
ブラジルでも公開される
ようになつてから間もなく、
そのフィルムの16ミリ版を持つて
ブラジル各地を巡回する
シネマ屋が現れた。
カラ
カラ
カラ
カラ…

映画にはなぜか音がなく、昔の無声映画のように弁士がついていた。
哀れなるかな、マッカーサー将軍！手をぶるぶるとふるわせながら、降伏の署名をしております！
手がふるえるので、また万年筆が折れました！折れたので取り替えました。
これで三本であります！
ドッ
わはははは
パチパチ
マッカーサーが万年筆をとっかえひっかえしていたのは記念の贈り物にするためで、計5本を使ったのだが、そんなことは知らない観客は拍手大喝采。
連合軍の将兵は、マッカーサー以下、残らず丸腰で並んでいます。
それにひきかえ、わが梅津参謀総長以下は軍刀をつけております！
パチパチ
米海軍の制服にはもともと剣がついていないのだが、そんなことは知らない観客たちは大歓喜、日本側も軍刀をつけていないことには誰も気づかなかった。
ばんざーい
ばんざーい
ばんざーい

このニュース映画は、奥地の移住者が2日、3日がかりの旅をして見に来るほどで、自分たちの移住地に来てくれとシネマ屋を招く者もいた。
そしてガリ版刷りのニュースか伝聞しか「日本の勝利」の情報がなかった移民たちは、このニュース映画、というよりその弁士のために、勝利を揺るぎなく確信した。
さらに、ミズーリに日本軍艦旗が掲げられたように加工したものなど、数々の偽造写真が大変な高額で売られ、移民たちは争うように買って宝物とした。
これに続いて現れたのが「円売り詐欺」だった。敗戦で価値が暴落している円を、勝ったと思い込んでいる人たちに高値で売り付けるというものである。
「円を買って勝利の日本へ帰ろう」という甘美な詐欺師のささやきに乗せられ、円はものすごい高値で売れた。

もともとブラジル国内に
それほど多くの円紙幣が
あったわけではなく、
たちまち供給不足となる。
すると、上海や香港、
シンガポールなどから
ブエノスアイレスを経由して
大量の円紙幣が入ってきた。
だが、これは紙切れ同然の
ものだった。
1946年2月、日本政府は
ハイパーインフレを防ぐために
紙幣の切り替えを行い、
大量の旧紙幣が
ただの紙切れとなっていた。
その旧紙幣や、
敗戦と同時に紙くずとなった
軍票をかき集め、
ブラジルに送ったのである。
紙くず紙幣を高額で買っても、
「日本は負けた」と認識しない限り、
詐欺に遭ったことには
決して気づかない。
被害届は一件も
提出されなかった。
円売りをやっていたのは
根っからの詐欺師ばかりではなく、
大商店の経営者や
商工会議所の役員まで
加担していた。
そのような人々から
臣道連盟に寄付が入り、
ますます活動資金は
潤沢になっていた。

臣道連盟は組織を拡大し、
その運動はエスカレートしていった。
国賊を撃てー！
国賊を撃てー！
街角には、個人名を列挙したポスターまがいの大きな脅迫状が貼り出された。
國賊
売國奴
天誅近きを知れ
畑中
山中
葦原
溝部
織田
地方では、敗戦を口にする日本人の家に脅迫状が送られるようになつた。
「君たちは畏れ多くも帝国の天皇陛下の悪口を言外す。依って我ら日本人の手で君たち国賊に膺懲《ようちよう》の銃剣を振ふから君たちも日本人なら日本人らしく其の罪を悔い、自決するが肝要だらう。自決せぬ時は参上するから首を洗ってゐろ」
そして1946年3月7日…
ダーン

撃たれたのはサンパウロ州の
小都市・バストスの産業組合専務理事、
溝部幾太。
銃弾は左肺動脈部に命中し、
ほぼ即死だつた。
溝部はラジオで敗戦を知り、
慎重に事実を確認した上で、
祖国日本が歴史始まつて以来の
難局に直面していることを強調し、
在伯同胞は軽挙妄動《けいきょもうどう》することなく、
それぞれの仕事に励むようにとの
訓示を行い、その旨を全組合員に
周知徹底するという、
当然の行動をしただけで
命を落としたのだつた。
そして「勝ち組」の間には、
「溝部幾太」の名をもじつた
こんな戯《ざ》れ歌が回覧された。
「世の中に幾多（幾太）の罪を残しおき
きょうの最後のザマを見ぞべえ（溝部）」
暗殺者たちは自らを
「特攻隊」と称し、
暗殺事件を
繰り返していつた。
自決勧告状
いかがですか？

自分は裏切者ではないので切腹はしない。
自決よりも愛国者としての死を選ぶ。
問答無用！
ガタタッ
殺されたのは退役陸軍大佐脇山甚作。
日本から公文書として終戦の詔書《しょうしょ》と外相のメッセージが届き、それをブラジル在住の全日本人に伝えるため、公文書が届いた経緯を説明する「終戦事情伝達趣意書」を作成し、その筆頭に署名したために殺されたのだつた。

「勝ち組」の者たちは、
日本から届いた終戦の詔書を
「偽文書」と決めつけた。
彼らは「克ク困難辛苦ニ耐ヘ以テ
日本精神ノ美ヲ保有セヨ」という
「昭和20年8月3日」付の
出所不明の「在外同胞に対する勅語《ちょくご》」
なるものを暗誦して
心の支えにしていたのだった。
暗殺された者は、
記録にあるだけでも
23人を数えた。
事態を重く見た吉田茂首相は
ブラジル移民に対する
メッセージを発表、
ブラジル国内で大量に
印刷・配布されたが、
全く効果は上がらなかった。
ブラジル当局は、
臣道連盟幹部を
テロの首謀者として
一斉逮捕するが、
テロ事件は
一向に収まらない。
それまでブラジル人は、
頻発する日本人同士のテロを
不気味に思いながらも、
問題は日本人同士で
解決するようにと
介入を避けてきたが、
さすがにそうも言って
いられなくなった。

サンパウロ州政府は、州統領官邸のカンポス・エリオゼス宮に600人の日本人を招き、事情説明会を開いた。
もちろんほとんどが「勝ち組」で、ほぼ半数は各地の警察の留置場から護送車で運ばれてきていた。
ドドガガャャヤヤ
ヨーロッパの宮殿調の豪華な官邸の警備兵たちは、やってきた日本人たちの騒がしさと不作法さにあきれた。
豪華な赤絨毯《じゅうたん》はたちまち泥だらけになった。
ここで改めて吉田首相のメッセージと終戦の詔書を紹介し、日本が敗戦に至った経緯を詳細に説明したが…
やめろ——っ!!

日本が戦争に負けたなどと言われたら、我々は働く意欲を失ってしまう!
二度と日本が負けたなどと言わないでもらいたい!!
これは臣道連盟幹部の大政という男で、この発言を機に会場は騒然となった。
そうだそうだ!
同感!!
泥靴のまま豪華な椅子の上に立ち上がって怒鳴り出す者、数珠《じゅず》を手にわけのわからないことを叫ぶ者、収拾がつかない騒ぎとなった。
ふざけるなぁ
列席していた州の高官や軍人の中には、日本人の非礼な態度に腹を立て、退席する者も出た。
最後にこの集会の議事録の要点を読み、州統領が参会者に署名を求めると、また紛糾した。

議事録から日本敗戦と無条件降伏の文言を削除してもらいたい！
また、ブラジルの新聞が日本の降伏の記事を掲載するのも禁止してもらいたい！
新聞のことは、別問題として考えよう。
無条件降伏の文言がいけないのならただの降伏にしよう。
我々は、日本が負けたとは思っていない。
だから降伏と書いてあるかぎり署名はできない！
議事録の内容に不賛成でも、出席者は署名をすることになっている。
わあああ
オオー
オオオオオー
ドンドンドンドン

それでは、日本の敗戦と無条件降伏の文言を削除するっ！
ワー
パチパチパチ
ナンマンダブ
ナンマンダブ
ナンマンダブ
帰りのバスでも…
やっぱり日本は勝っていた！
ブロロロ…
州統領もとうとう隠しきれなかったではないか！
やはり日本は万邦無比の国だ！
ワハハハハ
ワァハハハ

翌日のブラジルの新聞1面にはこの事件が大きく載った。
見ろ! 俺の写真が載っている!
日本人の勝利が載っている!
だが、その写真には、「暴徒の首領」という説明がついており、記事の見出しには「狂信者に処刑を」「新聞検閲を要求する狂信者」と書かれ、
こんな論説が並んでいたのだった……
礼節をわきまえないアマレーロ(黄色)の輩は人の家に招ばれた時、どのように振る舞わねばならないか、まるでわかっていない。
そのような悪性有害な人間を、この国に入れた為政者は、その不注意ぶりを責められるべきだ。
このような無頼の徒にわれわれブラジル人がこの国から追い出される前に彼らを追い出すべきだ。
この一件は、それまで静観していたブラジル人の日本人に対する感情を決定的に悪化させた。

それから10日後の1946年7月30日、最悪の事件が起きた。
街角のバール(軽飲食店)で食事をしていた川辺という日本人をブラジル人がからかい、喧嘩になった。
相手は4人でたちまち組み敷かれてしまったが、川辺は持っていたナイフで下から1人を突きあげた。
ブラジル人は心臓を刺されて即死した。
日本人がブラジル人を殺した――!
叫び声が駆け巡り、街中が騒然となった。
川辺は警察に逮捕されたが、群衆は警察署を取り囲んだ。
犯人を出せ!
日本人を叩き出せ!
リンシャ(私刑)だ!
警察署長が説得に努め、ようやく深夜になって群衆は解散した。

ところが翌朝8時ごろ、日本人経営のバールでブラジル人が朝食をとりながら前夜の事件の話をしていると、経営者の増田という男が暴言を吐いた。
ブラジル人の3人や5人がなんだ！
おれは臣道連盟だ！
おれなら、何人でもやってやる！
同じ頃、街の別の場所で、臣道連盟顧問の地免という男が、同じように前夜のことを話していたブラジル人たちの中に割って入って言った。
おまえたちは偉そうなことを言ったって、もうすぐおれたちにマンダ(命令)されるんだ！
よく覚えておけ！
増田も地免もたちまち袋叩きに遭い、重傷を負った。
ブラジル人たちは、前夜からの興奮が冷めていなかった。
30分後には1500人の群衆が日本人の家や店を襲撃、日本人と見るや襲いかかった。

群衆の数はどんどん増えていった。
臣道連盟と何の関係もない者も襲われ、殺された。
騒乱は収まらず、ついに軍隊が出動する事態となった。
ザッザッザッザッ
その後ようやく3日目になって鎮静化したが、それは警察や軍隊に制圧されたためではなく、街に日本人が一人もいなくなったためだった。

日本人に対する反感は
ブラジル中の一般世論となり、
ついには当時審議中だった
新憲法に日本人移民禁止の
条項を入れるべきという
修正案が提出された。
そして採決の結果は
賛成99票、
反対99票と
全く同数になり、
議長裁決によって
かろうじて否決
されたのだった。
それから間もなく、
日本語新聞の発行が
解禁された。
日本人の9割が未だに敗戦を信じず、
混乱の極みを呈しているのも、
ひとえに情報不足のためである
と考えられたのである。
1946年10月、ガリ版刷りで
「サンパウロ新聞」が創刊された。
続いて戦前発行されていた
「伯剌西爾時報」が復刊。
「パウリスタ新聞」
「南米時事」が創刊。
さらに後発の
「昭和新聞」
「ブラジル中外新聞」
「日伯毎日新聞」が、
次々創刊する。
25万人の邦人に対して
これは明らかに過当である。

そんな中で部数競争を強いられて、人口の9割を占める「勝ち組」に嫌われたら、とても商売にならない。
そのため「伯剌西爾時報」以下各紙は、「日本は勝っている」という記事を載せ続けた!
真実を伝えようとしたのは「サンパウロ新聞」と「パウリスタ新聞」のみ。
しかしサンパウロ新聞はその後、部数低迷に勝てず、勝ち負けは主張しなくなる。
サンパウロ新聞
パウリスタ新聞
「勝ち負けには関係なく、本国に天皇陛下がおられる限り日本は不滅である」という「天皇帰一説」を唱えるようになる。
木村政彦は、そのサンパウロ新聞が部数拡張策として招請したのだった。

世界新記録を次々打ち立てた
「フジヤマのトビウオ」古橋廣之進らを
招いて開催された「日伯親善水泳大会」
などのスポーツ大会が大人気を博しており、
勝ち組・負け組を問わずに
日本人を一つにするのはスポーツであり、
日本の武道・柔道なら
なおさらよいと考えたわけである。
なお古橋が訪伯した際には、
奥地から勝ち組の者がやってきて、
その手足の長さを測り、
こう言ったという。
こんなに背の高い日本人はいない！
この大きさは朝鮮人だ！
アメリカが日本敗戦の「デマ宣伝」を
するために、有名人の偽者を
派遣しているという噂が
広く信じられていたのだ。
木村政彦も「日本人は負けた」と
言い続けていたら、間違いなく
「朝鮮人」にされていただろう。
ブラジルの邦字新聞記者たちが、
日本の敗戦を知らなかったわけがない。
真実を伝えるという
報道機関の使命をかなぐり捨て、
商売の為に
嘘を書き続けたのだ。

まして伯剌西爾時報の社主黒石清作は臣道連盟の指導者の一人と名指しされている人物で、その新聞は、臣道連盟のパンフレットも同様だった。
結局、邦字新聞の解禁は勝ち組の信念を強固にする結果をもたらしただけだった。
伯剌西爾時
そしてもう一つ、勝ち組の信念を強めたのは、詐欺師の暗躍だった。
日本から使節船が来航し、これに乗って帰国できるという類《たぐい》のデマは頻繁に流されていた。
そして「帰国斡旋業」という奇妙な名刺を持った者が日本人コロニアに出没し始めた。
帰国斡旋業
早来果江郎
帰国の手続きは意外と時間がかかるから、早めにやった方がいいですよ。
書類作成費その他で5000クルゼイロの手続き料がかかりますが、これは前金でお願いします。
そう言って何やらポルトガル語で書かれた書類を並べ立てられると、誰もがその言葉を信じて高額の「手続き料」を払った。
100
だが「手続き料」をだまし取られるだけなら、まだましな方だった。
船の切符を早く申し込まないと、どんどんなくなってしまいますよ。
海南島の土地が今なら安く手に入ります。

移民たちはもともと出稼ぎ目的でブラジルに根を下ろすつもりの者は少なかった。
しかも戦時中はブラジル当局からさんざん迫害を受けた。
国交断絶とともに、日本人の資金凍結が実施され、銀行預金の払い出しも、生活に必要なギリギリの額に制限、
不動産の譲渡売買も禁じられ、その私有権も失った。
日本人移民が血と汗で築いた農地であるにもかかわらず、都市に住む地主がその農民を裸同然で追い出した。
都会でも、兵舎や工場、政府官庁などから500メートル内に居住する日本人は強制退去させられた。

武器や日本軍に関係する証拠を押収するという名目の家宅捜査は頻繁に行われた。
現地の警察官の態度は横暴を極め、現金を強奪する者もいたし、奥地では抗議した者をその場で射殺するようなことも平気で起きた。
公共の場で日本語を使用した、集会を開いた、あるいは反抗したという理由で日本人が次々留置場に送られ、長年、獄舎に繋がれる者もあった。
冤罪も多く、中には逮捕された者も、取り調べる刑事も、逮捕理由が全く分からず調書をとるのに困ったなんて話もある。
こうして、永住を決意していた人でさえ、こう思うようになっていたという。
戦争がすんだら日の丸のもとで暮らしたい!

そういう日本人の心につけこむ
詐欺師たちが続出した。
日本の勝利で
大東亜共栄圏が
成立した。
今やアジアで
膨大な土地が、
日本人の開拓を
待っている。
…と喧伝《けんでん》したのだ。
それを聞かされた者は、
もう居ても立っても
いられなくなり、
何十年もかけて作り上げた
血と汗の結晶である農園を
二束三文で売り払い、
来るはずのない帰国船を
待ち続けた。
帰国を勧めた者と、
農園を買い叩いた業者が
グルだったと気づいた時には、
もう全てが手遅れだった。
ありとあらゆる詐欺に
手を染めていた、
川崎三蔵という
札つきの男がいた。
川崎は特務機関の
南郷大尉と名乗り、
戦勝宣伝の講演を開き、
ごく早い時点から
帰国詐欺も始めていた。
川崎は口がうまく男前で、
人の心を巧みにつかんだというが、
自ら「特務機関員」と称し、
いかにも特務機関員然として
振る舞う黒眼鏡の男を
誰も疑わなかったのだから、
川崎の詐欺師としての腕が
特に優れていたのかどうかは
わからない。

川崎は嘘がばれそうになると、次から次に新たな嘘をついた。
単に日本が勝ったというだけでは通用しにくくなると、加藤拓治という詐欺師を日本軍の航空司令官に仕立てた。
近々、日本の陸戦隊がブラジルに上陸する。
その後の行動を決めるため、航空軍の将校が集まって会議をすることになっているから、そのための寄付金を募りたい。
航空司令官の嘘が続かなくなると、川崎は加藤とその女を「朝香宮《あさかのみや》殿下夫妻」に仕立てた。
高貴なお方がひそかに日本からお見えになっている。
ゆえあって姿を隠されているが、我々日本人は当然この方の生活費をみる義務がある。
ニセ朝香宮はサンパウロ近郊に農場を求め、入植者を募集し、川崎はこう呼びかけた。
宮さまの下で「日本精神」を涵養《かんよう》して祖国に帰国せんと思う者は、全財産を処分してこの農場に入り、迎えの船が来るまで共同生活をすべし！

入植した数十家族は、
無報酬で労働させられた上に
生活費まで納めさせられ、
ニセ朝香宮はサンパウロ市内の豪邸で贅沢三昧《ぜいたくざんまい》の暮らしをした。
ピュ〜
ニセ朝香宮夫妻は1年後に逮捕され、後には全財産を失った数十もの家族が残された。
日本政府は、このようなブラジル移民の現状に対して何ら有効な対策をとることなく、移民は「棄民《きみん》」とされた状態だった。
そればかりか、日本からブラジルにやってきて、「勝ち組」相手に日本が勝ったかのような話をして回り、講演料を稼いでいく政治家までいたのである。
コーヒー樹9万5千本、150ヘクタールの大農場を築き上げた日本人移民きっての成功者にして「勝ち組」の代表的人物永野勘太郎は、戦後5年経ち望郷の念断ちがたく、「戦勝の祖国」に帰る決断をした。

農場を処分した価格は、1950年当時の邦貨で1億6千万円という桁外《けたはず》れのものだったが、そのうち1億円を詐欺師に盗られてしまう。
その落胆ぶりはひどかったようだが、ともかく永野は一族18人を引き連れて帰国した。
漫画家・近藤日出造は永野とその息子にインタビューしている。
日本の勝利に間違いありません。誰がなんと言おうと、わしらはそう信じております。
ブラジルではカチ組とマケ組が争っとりますが、八、九割まではカチ組でこりゃもう正しい認識をもつ者が遂に多数を制するちゅう真理の現れですね。
父の言う通りなのに、一、二割のおっちょこちょいが日本は負けたのだ、俺たちは認識派だ、と言っておるのですからなっておらんです。
なっておらんといえば大体母国の日本人がなっておらんですな。
日本からブラジルへ送ってきた新聞や雑誌を見ましても、みんな日本が負けたようなことを書いとる。
何の必要があってこういう書き方をせなならんのか、いかなる理由でこういうものの出版をゆるしとくのかわしらにはこの根性がわからんのです。

まあしばらく日本にいらしたら、カラクリでもなんでもない、はっきり日本は負けたんだということがわかるでしょう。
ムシャクシャしたら急いでまたブラジルにお帰りになるんですね。
われわれは永住のため日本へ帰りました。
ブラジルでは日本的教育はできんのです。
教育ができなければ、日本精神は滅んでしまう。
そんなところには断然見切りをつけて土地も家も車もみんな売ってわれわれは帰ってきたのです。
近藤はこのインタビューの感想をこう記している。
日本精神、懐かしい言葉である。
今、われわれの脳裏には粕《かす》ほども残っていない、と思われる追憶の幻である。
たった一度の敗戦で、民族の精神を「粕ほども」残さなかった戦後日本も、決して肯定《こうてい》できたものではない。
だが現実として、日本で永野らを迎えたものは、好奇の眼と苦笑の渦、そして6千万円の大金を狙って押し寄せる有象無象《うぞうむぞう》ばかりだつた。
山を買いましょ〜
息子の学費を少しばかり…
母が病気で〜
安全な投資があるよ

後日、永野は涙を流しながらこう語った。
在外同胞は故国に帰っちゃいかん。
逆に(故国は)出て行かねばならぬものだ。
もう一度あちらへ行ってその手引きをしてあげたい。
…でもブラジルの必勝派を笑ってくださるな。

勝ち組・負け組の抗争は
10年経つ頃には
自然消滅していったが、
決して「勝ち組」が
いなくなったわけでは
なかった。
どうしても負けを
認めたくない者は、
数家族でまとまって
奥地に移り、
一切の情報を遮断して
生活した。
中にはその後、
集団自決に至った
ケースもあった。

昭和48年（1973）には、「勝ち組」の3家族14人が帰国。羽田空港のにぎわいを見てこう言った。
ゴオオオオオ
私たちが信じていた通りです。
こんな立派な日本が負けたはずはありません。
戦後28年、横井庄一氏の帰国の翌年、小野田寛郎氏の帰国の前年の出来事だった。

ブラジル勝ち組・負け組抗争について語られる際は、必ず「戦前の軍国主義教育のせいだ」「情報遮断の状態に置かれたためだ」という理由で起きたとされるが、どちらも間違っている。
なぜなら、軍国主義教育など一切行われず、情報があふれかえっている今現在でも、全く同じことが起きているからだ！
皇統は「男系」しかありえない！
保守を自称する者たちにせよ、反戦平和を唱える者たちにせよ、自分の信じたい情報しか信じない！
軍隊なんか要らない！
原発は絶対必要だ！
戦前の日本は悪だった！
自分の所属する陣営に都合のいい情報しか、彼らは欲しくないし、受け付けない。
ありえないありえないありえな

共同体の崩壊が進んだ社会で、
「砂粒の個」になった者たちが、
ネットで社会問題と接すると、
強硬な排外主義のサイトや言葉に接続してしまい、
それが、失われた父権との遭遇になって、
ネット右翼「ネトウヨ」になる。
私たちの不遇は朝鮮人の陰謀だ！
パチンコは敵性産業だ！
NHKもフジも敵性メディアだ！
安倍叩きは朝日新聞の社是だ！
陰謀論を狂信したネット仲間が集結し、日の丸を立ててデモに繰り出す。
彼らは敵を作り出して、憎悪し、攻撃する。
「砂粒の個」となった者たちが、ネット空間でやっと発見した生きがいが、
「排外主義的な愛国心」だった！
批判しかできねーのかよWWW
もはやサヨクに言っても
WWWWWW
小林は終わって
気は必要です
朝鮮かえれ
ぱち
原発は
男系絶対
アホだなよしのり
だから代案だせよ
小林　ぱちのり
WWWWWW
原発はサヨク
女系はダメ
代替エネルギ
まーた安倍批判かよ
わかってねーんだな

「愛国心」と「日の丸」を掲げれば、何をやっても正しいわけではない！
「愛国心」と思い込んだものの真偽を確かめてみる必要がある。
最近の自称保守や、ネット右翼などの、パトリ（郷土・共同体）なきナショナリズム（愛国心）は、虚構である！
運動団体の世間に個を埋没させた自称保守は、原発推進・新自由主義の「パトリなきナショナリズム」に嵌って、極論・暴論・陰謀論を叫び出す。
脱原発は感情論だ！
放射能はカラダにいい！
尖閣に公務員を常駐させろ！
TPPで中国を包囲せよ！
女系容認は陰謀だ！
中国と戦っても日本は勝つ！
血の通った共同体に属さないネット空間に依存するネトウヨは、「パトリなきナショナリズム」に嵌って、極論・暴論・陰謀論が大好物になる。
朝日新聞と日教組の陰謀だ!!
我々が不遇なのは在日特権のせいだ！
パチンコマネーで北の核ミサイルが作られる！
小林よしのりはチョーセン人だ！

ある意味、ブラジル移民たちの日常も、本土・日本の共同体から切り離された、仮想空間にあった。
そこがまだ、彼らの故郷ではなかった。
日本が戦争に勝ったんだろ！
日本は負けました。
負けてないだろ！
日本が敗けたという情報は、彼らが信じたくない情報だった。
パン
勝ったという情報が彼らの信仰となった。
ふざけるなぁ
信仰を脅かす者が敵となる。
攻撃する。
テロを行う。
バンッ！
批判しかできねーのかよwww
ほんとばかだな
wwwwww
もはやサヨク
電気は必要です
小林は終わってる
北朝鮮かえれ
ぱちんこ
原発は必要
アホだなよしのり
wwwwww
脱原発はサヨク
だから代案だせよ
小林　ぱちのり
わかってねーんだな
代替エネルギーは
ま一た安倍批判かよ
ネトウヨはマスコミのことを「マスゴミ」と言って軽蔑する。
だが、ネットの中も「ネトゴミ」としか言いようのないデマがまかり通る。

どんなに情報があふれても、
それを選別する者の
「常識」や「知性」が
問われるだけで、
真贋《しんがん》を見極めるのは
なかなか困難のようだ。
ごーまんかまして よかですか？
人は 信じたい情報しか 信じないのである！

ゴーマニズム宣言
SPECIAL
新戦争論1
第22章
嫌韓本、
自己啓発本、
「力」本

いつ書店に行っても「嫌韓本」の新刊が並んでいる。
新聞広告にも、しょっちゅう嫌韓本の新刊広告が載っている。
痴韓論
いったい今、どれだけの嫌韓本が出ているのかと思って、スタッフ・時浦にリストアップさせてみたら、とんでもないことになっていた。

2014年の1年間に出版された本だけ列挙してもこれだけあったのだ！

1月

言いがかり国家「韓国」を黙らせる本
／宮越秀雄（彩図社）
世界から嫌われる中国と韓国
感謝される日本
／宮崎正弘（徳間ポケット）
侮日論「韓国人」はなぜ日本を憎むのか
／呉善花（文春新書）
日本人は中韓との「絶交の覚悟」を
持ちなさい
／石平　黄文雄　呉善花　（李白社）

2月

嫌韓流２０１４（晋遊舎ムック）
呆れた！　韓国（撃論シリーズ）
反日韓国ヤバすぎる正体（別冊宝島）
もう、この国は捨て置け！
―韓国の狂気と異質さ
／呉善花　石平（ワック文庫）
愚韓新論　／三橋貴明（飛鳥新社）
なぜ韓国人・中国人は「反日」を叫ぶのか
／黄文雄（宝島ＳＵＧＯＩ文庫）
醜いが、目をそらすな、隣国・韓国！
／古田博司（ワック文庫）

3月

犯韓論
／黄文雄（幻冬舎ルネッサンス新書）
新たな反日包囲網を撃破する日本
／渡部昇一（徳間書店）
日本を取り戻す
―アベノミクスと反日の中国・韓国
／黄文雄（光明思想社）
日本人はなぜ中国人、韓国人と
これほどまで違うのか
／黄文雄（徳間文庫）
貶める韓国　脅す中国
―新帝国時代試される日本
／産経新聞取材班（産経新聞出版）
日本人が知っておくべき
噓つき韓国の正体
／ＳＡＰＩＯ編集部（小学館）

笑えるほどたちが悪い韓国の話
／竹田恒泰（ビジネス社）
韓国の「反日」は永久に終わらない
―「民族の鬱憤」が残り続ける理由
／黒田勝弘（新潮４５eBooklet）
韓国「反日謀略」の罠
／拳骨拓史（扶桑社）
どの面（ツラ）下げての韓国人
／豊田有恒（祥伝社新書）

4月

日韓〝円満〟断交はいかが？
―女性キャスターが見た
慰安婦問題の真実
／大高未貴（ワニブックスＰＬＵＳ新書）
ザ・日韓対決　完全決着１００番勝負
（別冊宝島）
ヒラリー・クリントンの嫌いな韓国・中国
／国際情勢研究会（ゴマブックス）
「妄想大国」韓国を嗤（わら）う
／室谷克実　三橋貴明（ＰＨＰ研究所）
日本人なら知っておきたい
韓国・朴大統領　反日外交全発言
／国際情勢研究会（ゴマブックス）
テキサス親父の
「怒れ！　罠にかかった日本人」
／トニー・マラーノ（青林堂）

5月

韓国人による恥韓論
／シンシアリー（扶桑社新書）
中国人韓国人にはなぜ「心」がないのか
／加瀬英明（ベスト新書）
日本人なら知っておきたい
「反日韓国」１００のウソ（別冊宝島）
韓国とかかわるな！
―韓国とかかわると人も国も必ず
不幸になる-Ｋの法則
／某国のイージス（アイバス出版）
沈没国家・韓国　侵略国家・中国の
ヤバすぎる真実
／ＯＡＫ　ＭＯＯＫ（オークラ出版）

6月

朝鮮崩壊　米中のシナリオと日本
／長谷川慶太郎（実業之日本社）
「反日」の敗北
／石平　西村幸祐（イースト・プレス）
韓国人知日派の言い分
／宇田川敬介（飛鳥新社）

こうして捏造された韓国「千年の恨み」
／松本國俊（ワック文庫）
仲良く自滅する中国と韓国
―暴走と崩壊が止まらない！
／室谷克実　宮崎正弘（徳間書店）
テキサス親父の大正論
―韓国・中国の屁理屈なんて普通の
アメリカ人の俺でも崩せるぜ！
／トニー・マラーノ（徳間書店）
韓国経済がけっぷち
―サムスンと共に自滅する韓国経済
／勝又壽良（アイバス出版）

7月

悲韓論　／黄文雄（徳間書店）
テキサス親父、韓国・中国を叱る！
／トニー・マラーノ（ＰＨＰ研究所）
ディス・イズ・コリア
―韓国船沈没考
／室谷克実（産経セレクト）

8月

ここがヘンだよ「反日」韓国
―彼らがウソをつくほど日本が
得をする法則
／ＫＡＺＵＹＡ（イースト・プレス）
韓国人の品格
―13歳の子どもに「日本人は
死ねばいい」と言わせる祖国へ
／チョン・ジヨン（宝島社）
「反日」の秘密・朝鮮半島をめぐる
巨大な謀略
／鬼塚英昭（成甲書房）
誅韓論　／日本戦略ブレイン（晋遊舎新書）
大破局の「反日」アジア、
大繁栄の「親日」アジア
／長谷川慶太郎（ＰＨＰ研究所）
もう、無韓心でいい
／古谷経衡（ワック文庫）
犯中韓論
／黄文雄（幻冬舎ルネッサンス新書）

9月

韓国人による沈韓論
／シンシアリー（扶桑社新書）
恨韓論―世界中から嫌われる韓国人の
「小中華思想」の正体！
／黄文雄（宝島社）
中国・韓国を本気で見捨て始めた世界
―各国で急拡大する嫌中・嫌韓の実態
／宮崎正弘（徳間書店）

日本と韓国は和解できない
／渡部昇一　呉善花（ＰＨＰ研究所）
韓中衰栄と武士道
／黒鉄ヒロシ（角川学芸出版）
「日本の敵」を叩きのめす！
／上念司　倉山満（ＰＨＰ研究所）
大嫌韓時代
／桜井誠（青林堂）

10月

日本人が知らない韓国売春婦の真実
／中村淳彦（宝島社）
息をするように嘘をつく韓国
／ご隠居（宝島社）
哀しき半島国家　韓国の結末
／宮家邦彦（ＰＨＰ新書）
アホでマヌケな反日「中韓」（別冊宝島）
韓国が次に騒ぎ出す「歴史問題」
／拳骨拓史（ＰＨＰ研究所）
知られざる台湾の「反韓」
／古谷経衡（ＰＨＰ研究所）
立ち直れない韓国
／黄文雄（扶桑社ＢＯＯＫＳ）
韓国人は、なぜノーベル賞を
獲れないのか？　和の日本　恨の韓国
／山本峯章（ベストブック）

11月

「反日韓国」の自壊が始まった
／呉善花（悟空出版）
中国・韓国絶対に許せない１００の悪行！
（普遊舎ムック）
終韓論　／黄文雄（ＫＫベストセラーズ）
「日本沈没」から「韓国沈没」へ
／室谷克実（ＶｏｉｃｅＳ）
韓国人が書いた　韓国で行なわれている
「反日教育」の実態　／崔碩栄（彩図社）
非韓五原則
―こっち見んな　来んな　居座んな
／某国のイージス（アイバス出版）

12月

日本人なら知っておきたい
反日韓国１００のウソ
／室谷克実　黄文雄　野村旗守（宝島社）
極嫌・極悪ヤバすぎる！反日中国韓国人
１０１人の正体！！
／ＥＤＧＥ編集部（双葉社）
「反日モンスター」はこうして作られた
―凶暴化する韓国人の心の中の怪物
／崔碩栄（講談社＋α新書）

2014年1年だけで、確認できただけで74冊！
2015年もこんな調子でまだ出るのだろうか？
さらに、これよりはやや少なくなるが「反中本」も相当数出ている。
「中国の時代」は終わった
中国崩壊前夜
また、「嫌韓本」は2013年出版された室谷克実著『呆韓論』『悪韓論』あたりからブームが始まっており、13年もかなりの点数が出版されていて、中には今でも売れているものがある。
本って何だろうなあ？
しかも、書籍だけではなく、各雑誌でも毎号、毎号、嫌韓特集が組まれている。
どう見てもこれは常軌を逸しているとしか言いようがない。
WiLL
韓国よいい加減にしろ
似たような内容の本が次から次に出版される光景は、その質と量の両面で「自己啓発本」の粗製乱造と同じ現象だ。
これさえ読めば、人間関係がよくなる、お金が儲かる、望みがかなう、悩みが消える、才能が発揮できる、人生が充実する…等々のノウハウを書いた本「自己啓発本」は大昔からある。
その代表的な著作で今も読まれているデール・カーネギーの『人を動かす』は1937年の刊行で、この本は日本語版も同じ年・昭和12年に発売されている。
D・カーネギー
人を動かす

近年のブームの火付け役となったのは410万部の大ベストセラーとなった平成7年（1995）の春山茂雄著『脳内革命』で、これに続いて『7つの習慣』だの『小さいことにくよくよするな！』だの『金持ち父さん貧乏父さん』だの『EQ—こころの知能指数』だのが続々とベストセラーになっていった。
春山茂雄
脳内革命
7つの習慣
EQ
こころの知能指数
小さいことにくよくよするな！
金持ち父さん貧乏父さん
「自己啓発」は書籍の一ジャンルとして確立し、新刊も出続けており、時折ベストセラーも出ている。
なるほろ〜〜〜っ。確かにオレってそういうとこあるな〜〜〜〜っ。
自分が見えてきたぞ〜〜〜っ。欠点がわかった。
これで私、変われそうな気がするっ！
あなたも変われる
最近ではこの自己啓発本は『「力《ちから》」本』と言われる本に姿を変え、タイトルに「力」を付ければベストセラーになる状況である。
鈍感力
勝ち続ける意志力
心の力
断る力
話す力
別れる力
百歳の力
売る力
伝える力
逆転力
悩む力
聞く力
叱られる力
「力」本（自己啓発本）というものは、読んでる最中は、何だか手軽な秘策を習って、自分が成長したように思えて、いい気分になるのだ。
これで今日から変われるぞ〜〜〜っ！
自信がついた——っ！
本当の私を見つけたわ——っ！

何の努力もせず、
人生経験も教養もなく、
手っ取り早く安直に、
考え方一つで成功する、
別の自分になれると
錯覚させる、
それが自己啓発本だ。
パアアアアン
今の自分に
自信のない者が、
等身大の自分に
下駄をはかせるのだ。
しかし人間、
たかが本の一冊を
読んだだけで
成長などできる
わけがない。
読み終えて時間が経つと、
次第に何ひとつ変わっていない
等身大の自分に気がつき、
「こんなはずではない」と
思い始める。
そこで今度は
別の自己啓発本を
手にする。
するとまた、
読んでる間は
成長しているような
いい気分になれる。
でも、やっぱり
読み終えて
時間が経つと
また元の木阿弥《もくあみ》。
それでまた
別の本……
こんな具合に同じ人が
何点も買って読んでいるから、
自己啓発本は似たような本が
続々出ても売れる。
人生が変わる魔法

自信がなくて、「本当の自分」を探している、しかも安直な人間は、時代を経ても続々生まれるから、自己啓発本の需要は減ることはない。
実は「嫌韓本」も売れる構造は同じである。
パァァァァ
卑小な自分でも自信を持つためには、自分以下の存在を差別すれば、手っとり早い。
韓国はこんなにダメな国だと書き連ねられているのを読んでこう思うのだ。
へえぇ〜〜〜っ、韓国はこんなにひどい国なのかァ。
駄韓論
いやあ、愚かだねえ、韓国人って！
俺はあんな劣等国民ではないからな！
なんてったって日本人だから！
日本人であるだけで、誇りを持っていいんだぞ！
私＝日本人！サイコーーー！
「嫌韓本」は、等身大の自分に下駄をはかせる「自己啓発本」であり、「癒し本」なのだ。
だが、読み終えて時間が経てば、日本人である以外には大した個性もなく、才能もなく、実績もない、等身大の自分に気がつき始め、またアイデンティティーが揺らぎ始める。

平凡でいいのに、
平凡な自分を肯定できずに、
等身大の自分に
下駄をはかせるために
次の「嫌韓本」を購入する。
こうして、同じ人が
何冊も何冊も
「嫌韓本」を
買ってしまうのだ。
救いようのない国
韓国
この国はオシマイだ!!
だが、排外主義と国際間の
緊張を伴う嫌韓本が
ブームになるよりは、
ナショナリズムを悪用しない
自己啓発本のブームの方が
まだずっと罪がないかも
しれない。
「嫌韓本」の著者の多くは、
同時に「日本はエライ、
日本文化はスゴイ、
日本人は中韓以外の
世界中から好かれている」
という内容の本も書いている。
これは必然で、
「嫌韓本」と「日本自賛本」は
セットなのだ。
日本の未来、
ほんとは明るい!
日本はなぜ
世界でいちばん
人気があるのか
竹田恒泰
日本人は
なぜ世界から
尊敬され
続けるのか
黄文雄
感謝される
日本
「嫌韓本」と「日本自賛本」は、
等身大の自分に
ナショナリズムの下駄をはかせて、
読んでる間だけ
気が大きくなれる
安直な癒しグッズである。
いや「危険ドラッグ」
かもしれない。

隣の国の悪口で自我を肥大させ尊大になってる日本人なんて美意識のカケラもない!
日韓断交
朝日社員もチョーセン人も皆殺せ
かつて某衛星テレビで、ジャーナリストの笹幸恵さんと番組を持ったことがある。
その視聴者が、あんなに愛国運動が好きで、デモばっかりやってるとは、知らなかったのだ。
そこでわしは平成8年(1996)に上梓した『脱正義論』をサンプルにして、特定のイデオロギーを正義と信じ込んで「運動」に嵌ることの危険性について話した。
脱正義論
正義とは何か。
薬害エイズの被害者である子供たちのために、若者たちが集結した。
そして国家に謝罪させるという結論を見たのだが、
運動の正義と連帯に嵌って、やめられなくなった若者たちに対して、
「日常に戻れ!」とメッセージを発したのが『脱正義論』である。
運動は終わりだ
非日常は終わったのだ
国の責任を認めて謝罪
学生は日常に戻れ!

世の中を変えたい、国を変えたいと思うなら、運動やデモではなくて、自分の「現場」を持て！
製薬会社でも、厚生省（当時）の役人でも、自分が入り込んで内部から変えればいい！
プロになってこの国を変えろ！
その時点ではショックを受けただろうが、ほとんどの若者がこのメッセージを受け取ってくれて、
今頃は各人の「現場」を持ち、家族を持って、日常と格闘してるだろう。
そして、今度は自称保守陣営の側で、愛国心を振りかざして運動に嵌った者たちに向かって、わしはこう言ったのである。
わしが漫画家を引退したらデモなんかに参加しないで、近所の公園の草むしりでもするよ。
日常の中で等身大の自分がやれることは、公園の草むしりで十分ではないか！
ところが、このわしの発言に対してものすごい反発が殺到！

俺たちの行動を公園の草むしりなんかと一緒にするな！
俺たちは暑い日も寒い日も好き好んでやってるわけじゃないんだ！
国のためにやってるんだ！
おまえなんか公園の草むしりでもやってろ！
結局、愛国心を掲げて運動する者たちは、等身大の自分を見たくないのだ。
オレたちゃ国家を背負ってデモしてるんだ！
アタシたちはお国のためにネットしてるのよ！
オレたちゃ愛国心で在日を差別するぞーっ！
愛国無罪だーっ！日の丸振って罵声を浴びせろーっ！
愛国心で下駄はかせて、あまりにも自我が肥大し過ぎたために、草むしりがカスみたいな行為に見えるらしい。
けっ！
ちいせー ちいせー
こっちは国だぜー

何かの被害者が「デモ」で世の中に訴えるのはわかる。
権力が被害者に目を向けるように、世論を喚起するための「デモ」はわかる。
切実な「デモ」は必要だ。
「デモ」は民主主義の重要な権利だ。
だが、他者を「売国奴」と決めつけ、ネットの中で、ヘイトスピーチを吐き散らす者が、
外に出てきたら日の丸を掲げて、「憎悪のナショナリズム」で連帯する。
そんなデモは国のためにも公のためにもならない。
チョーセン人は出てーけー
大虐殺するぞー
ゴキブリどもを
たーたき出せー
ウンコ食っとけー
黒澤明の名作に『生きる』という映画があるが、最近の若者はこれを見たことがないらしいから驚く。
黒沢 明監督作品
生きる
『生きる』は、わしが生まれる前年、昭和27年に公開された映画だが、もはや戦後の教養の一つになっている。
あの愛国デモの中には、かなり年配者もいるようだが、見たことある大人はいないのだろうか?
見てもテーマを理解できないほど幼稚な大人が多いのだろうか?

志村喬《たかし》が演ずる
平凡な市役所の市民課長が、
ガンに侵されて、
ようやく人生の意味に気づき、
等身大の自分が、
自分の現場の中でやれる
最大の仕事をやり遂げる
姿が描かれている。
それは市民の要望だった
公園を作ることだった。
い〜〜のちぃ みじ〜〜い かし〜〜
こいせよ おとめ〜〜
自分が作った公園の
ブランコに乗って、
「ゴンドラの唄」を歌う
志村喬は切なくて
涙をこらえることが出来ない。
公園作りは、
官僚主義に侵された
市役所の中で、
一公務員が成し遂げる
こととしては、
偉業と言っていい
くらいの仕事だった。
等身大の自分に、
嫌韓本や日本讃美論で
下駄をはかせて、
手軽に誇りを
感じていても、
国のためどころか、
しょせん「公共性」の
カケラも作り出す
ことが出来ない。
「国」と「公」は、
必ずしも一致しない。
国民の「公共性」が
通用する範囲は
国の領土内なのだが、
「国」と「公」は
ズレることが多い。

「公」の体現者たる天皇陛下の意見を無視して、「国」の指導者が暴走することが、たびたびあったではないか！
尊皇
討奸
2・26事件
満州事変
この時いつもどおり無言で会議を聞いていた天皇陛下は明治天皇の御製の歌を朗読し
よもの海
みなはらからと
思う世に
など波風の
たちさわぐらむ
強く平和を願うという意向を表明された
大東亜戦争開始前の御前会議
「国」のためと言いながら、実は「公」のためではなかったために、国民が不幸になることはある！
「国」の犠牲になった国民は多いではないか！
「国」の犠牲者に対して天皇陛下は祈りを捧げ、慰問にも行かれる。
「公」「公共性」は日本の歴史の中で醸成されてきた不文のルールである。

東日本大震災でも、パニックにならずに、整然と、忍耐強く秩序を守る、
それが世界も驚嘆《きょうたん》する日本人の「公共性」だ！
日本から出ていけ！
嫌韓のためのデモや、ヘイトスピーチは、「公共性」を破壊するサイテーの悪行である！
嫌悪や憎悪のナショナリズムは、日本の「公」を毀損するだけなのだ！
「国」と「公」はズレることが多い！
「国」か？「公」か？と問われたら、わしは「公」に付く！
「公」のために「国」と戦うことだってあるだろう！

だが、まずは庶民はささやかな「公」を守らねばならない。
「国」のためだと尊大な気分に酔っている間に…
あっという間に歳月は流れ、時代は変わり…
歳をとって、しょぼくれた自分を見るだろう。
人生を無駄にしない方がいいと思う。
ごーまんかましてよかですか？
わしは漫画で表現する才能がたまたまあるから、漫画で論じ、「公」のために主張しているが…
才能が枯れたら、公園の草むしりをしながら、子供たちを見守りたい。

それはきっと幸せで、
自分の身の丈に合った
「公」を守る充実感も
あると思う。

ゴーマニズム宣言
SPECIAL
新戦争論1
最終章
葛藤の果て
「ひょん」と死ぬる

昭和20年（1945）、23歳で戦死した竹内浩三という青年がいた。
竹内は運動会ではいつもビリ。
漫画が大好きで、中学生の時には漫画の回覧雑誌を作り、
ひょうきん者でよく周りを笑わせていたという。
なんだかわしと似ている。
竹内は生まれつき物事を風刺し、パロディ化する眼を持っていたようで、
教室でも、電車の中でも、軍事教練の最中でさえ突然「おもしろい！」と笑い出したという。

戦時下では窮屈な
思いもしたのだろう。
自作の漫画雑誌の
エッセイでは、
「私ノキライナモノ」の
一つに「軍人」を挙げ、
こう書いている。
今ごろこんなこと書いたら
なぐられるだろう。
しかし、これは私のまはりにゐる
それのことで、外には本当の
軍人らしいリッパな軍人も
ゐるにちがひない。
実際、竹内は学校でも
しょっちゅうビンタを
喰らっていたようだが、
全くめげることもなく、
その天真爛漫な
性格は少しも変わら
なかったという。
それは遺された
写真の顔を見ても
想像がつく。
竹内は天性の詩人だった。
身のまわりのもの、
日々感じたことを
書かずにはおれず、
書いたことがいつの間にか
詩になっていた。
竹内は映画監督を目指して
昭和15年（1940）、
日大専門部（現・芸術学部）に
進学。
東京生活を謳歌するが、
その一方で
「戦争について」と題して
こんなことも記している。
僕だって、戦争へ行けば
忠義をつくすだろう。
僕の心臓は強くないし、
神経も細い方だから。

その翌年、大東亜戦争開戦。昭和17年（1942）9月、半年繰り上げで大学を卒業、召集される。この時21歳。
召集が確実となった時期、竹内は『ぼくもいくさに征くのだけれど』と題する詩を書いている。
街はいくさがたりで
あふれ
どこへいつても
征くはなし
かつたはなし
三ヶ月もたてば
ぼくも征くのだけれど
だけどかうして
ぼんやりしてゐる
ぼくが戦に
征つたなら
一体ぼくは
なにするだろう
てがらたてるかな

だれもかれも
をとこならみんな征く
僕も征くのだけれど
征くのだけれど
なんにもできず
蝶をとつたり
子供とあそんだり
うつかりしてゐて
戦死するかしら
そんなまぬけな
ぼくなので
どうか人なみに
いくさが
できますやう
成田山に願かけた
竹内はこの世で
自分に一番向いていない
兵隊にならなければ
ならない戸惑いを、
率直に記している。

その一方で、同時期の作と見られる『詩《うた》をやめはしない』では、生来の詩人としての激烈な思いを綴っている。
若者にも読みやすいように助詞を少し訂正した。
たとひおれを
巨きな手が
戦場に
つれていつても
たまがおれを
殺しにきても
おれは
詩《うた》をやめはしない
飯ごうの
そこにでも
爪でもつて
詩をかきつけよう
竹内は自らを「ぼくは、芸術の子です」と言った。
戦場だろうと、飯盒《はんごう》の底に爪ででも詩を書きつけるというのだ。
さらに同時期、こんな心情も記している。

うみゆかば　みづくかばね
やまゆかば　くさむすかばね
おほきみの　へにこそしなめ
かへりみはせじ
さつきまで、よこにゐて、げらげら笑つてゐた戦友が、どうだ、爆弾が、ポンと炸裂したかとおもつたら、腰が上らなくなつて、ズボンの上に、ベロベロと腸がくねりだして、死んでしまつた。
サンチメンタリズムの、みじんもゆるされないところだ。
すごい現実だ。
この現実をも、ぼくはあへて肯定する。
「アルモノハ、正シイ」と。
どこに、自分を置くのか、わからん。
まさに、戦争の悲惨を知った上での覚悟だ。
入営した竹内は兵器の操作こそ不器用だったが、陽気な性格が愛され、絵と文章の才能は上官たちにも重宝がられて、必ずしも悲惨一色の軍隊生活でもなかったようだ。

とは言っても、やはり
不向きな軍隊で、
創作する時間など
ほとんどない生活が
不自由でつらいものだった
ことは想像に難くない。
竹内は常に軍服のどこかに
紙片とちびた鉛筆を
隠し持ち、詩を書いた。
演習一
ずぶぬれの機銃分隊であつた
ぼくの戦帽は小さすぎて
おちさうになつた
ぼくだけあごひもを
しめてをつた
きりりと勇ましいで
あらうと考へた
いくつもいくつも
膝まで水のある壕があつた
ぼくはそれが気に入つて
びちやびちやとびこんだ
まはり路までして
とびこみにいつた
泥水や雑草を
手でかきむしつて
をつた
内臓が
とびちるほどの
息づかひであつた

白いりんどうの花が
狂気のやうに
ゆれてをつた
ぼくは草の上を
氷河のように
匍匐《ほふく》してをつた
白いりんどうの花が
狂気のやうに
ゆれてをつた
白いりんどうの
花に
顔を押しつけて
息をひそめて
ぼくは
切に望郷してをつた

戦帽が小さいというより
竹内の顔が人並外れて
大きかったのだが、
それはともかく、
「勇ましいだろう」と思ったり、
子供のように水に飛び込んだり、
その中でリンドウの花に
目を奪われたり、
演習の中でも豊かな情感を
失わず、
そして最後には
「切に望郷」していたのだ。
この「望郷」とは、
故郷の伊勢にではなく、
東京における
自由奔放な生活に
対するものだった。
しかし竹内は決して
反戦思想を持って
いたわけではない。
入営前に
姉に宛てた手紙には、
こう書いていた…
あねさんよ。
手紙みた。
あめりかの飛行機が
せめてきて、
バクダンを落として行った。
国民学校の子供を打ち殺した。
ハラがたつた。
飛んでゐるのも見へた。
石ぶつけてやらうかと思つた。
子供を殺したのは、けしからん。
僕の知つている中学生が、
自分の友だちのカタに
焼夷弾が当たつて
即死したのを見たさうだ。

竹内は昭和19年(1944)元旦から手帳に日記をつけはじめた。
秘かにつけて姉に送ったもので、検閲は受けていない。
その中にはこんな記述がある。
昭和十九年
ボクノ日本ハ
アメリカト戦フ
アメリカガボクノ日本ヲ
犯シニキテヰル
ボクハ兵隊
風ノ中
腹ノカナシミ
腹ノサビシミ
ソレハ云ハズ
タダ　モクモク
最下層ノ一兵隊
甘ンジテ
アマンジテ
コノ身ヲ
粉ニシテ
アア
ウツクシイ日本ノ
国ヲマモリテ
風ノナカ
風ノナカ
クユルナシ
クユルナシ

ものすごい葛藤を抱えながら、すべてを胸のうちにしまいこんで、戦う決意を固めようとしている。
彼の心のうちを最も赤裸々に書いたのが次の長文だが、紹介しておこう。
読みやすいようにカタカナをひらがなに直す。
ぼくは兵隊なのです。
新聞なんか読むと、よくそう云う気になるんだけどね。
こないだも「印度流血史」と云ふ記事を読んで、とくにそう思ったんだけど、イギリス人やアメリカ人は実にひどいことをやるんだね。
もしもこのいくさで、日本がまけたら、アメリカ人は、むかしイギリス人がインド人にしたようなことを、ぼくたちにもするにちがいない。
わかりきったことだ。
ニッポンの男は、ぜんぶ殺すと云っているのも決してうそではない。
するにちがいない。
そんな戦争だから、どんなことがあっても勝たねばならぬし、そんなことをするアメリカ人をやっつけなければならぬと思うんだ。
そして、そんなきびしき戦をしておりながら、いまだにヤミ取引や買いだしをやったり、工場のジュラルミンを盗んだりする奴はなんと云うやつだろうと思うんだ。

そんな奴らは、ぼくよりも
新聞は読んでいるだろうし、
戦争の様子はよく知って
いるはずだから、いったい
こいつらは、なんという
バカモノなのだろうと
腹が立ってならないのだ。
しかしながら、そういう
お前はどうだといわれると
ぼくはげっそりする。
この日記をはじめから読んだ
人はわかるように、
ぼくは決して忠実な
兵隊とは申されない。
服装からしてなっていない。
帽子をきちんとかむって
いたことがあるか。
ズボンのボタンをぜんぶはめて
いたことがあるか。
そんなことは末梢的な
こととしてもだ。
そのせいしんはどうだ。
風やら雨やら、草やら花やら、そんな
ひと昔前の詩人がうたったような
ことをヘタクソにうたい、
一向にいさましい気にもならない。
人のことに腹を立てる前に、じぶんの
ことを考へねばならないことになる。
ソレナンダヨ。
きみたちが、いくら恋しがっても、
もう昔のようにはのんきな時代は
やってこない。まっていても、
いくら俟っていても、こない。
ぎんざをなつかしく思う、
池袋カルパンという喫茶店を、おもう。
しかし、行ってみたまえ、東京には、
ぎんざがあるであろうか。
カルパンの蓄音器が、バイオリンの
コンチェルトを、今、うたっているで
あろうか。
ムカシノコト、
ムカシノコト。

今、ぼくは、きびしく頭のきりかえというやつをやらなければならない。
今にはじまったことではない、何度もやったができなかった。
それほど、こいつはむつかしい。
御奉公という。
コト、この御奉公に関しては、どんなえらい思想家も、小説家も、まるで子供と同じような意見しかない。
このことは、ねうちのあることであろうか。
まてまて、またろくでもないことを云いだした。
なんにも知らないくせに、ろくでもないことを云うな。
一体ぼくはなにをすればよいのか。
云うまでもない。
忠実な兵隊になることだ。
なれない。
なれないとはなんだ。
それはごくつまらないプライドでそう云うのだ。
無名の一兵卒としておわるのがいやだ。
ムメイの一兵卒、立派なことではないか。
それはコトバとして立派だ。
立派と云われるときは、すでに有名の無名になっている。
本当の無名と云うやつは、つまらない、まったくの下づみだ。
ああと云う。

しかしながら考えて見よ。
お前は、無名の一兵卒は
いやだと云うが、
お前にそれ以上のもので
あるだけの力があるのか。
お前なんて、大したものでは
ないぞ。
お前の詩を、お前は
ひそかに誇りたいのであろうが、
なってないではないか。
それは、軍隊へ入ってから
ばかになったからだ。
うまいこと云うな。
お前は、まえから
詩も絵も
ヘタクソであった！
…こんな果てしなき
自問自答を繰り返し、
竹内は一兵卒として戦う
決心を固めようとする。
しかし、やはり
割り切れないものは残る。
ボクガ汗ヲカイテ、
ボクガ銃ヲ持ツテ。
ボクガ、
グライダアデ、
敵ノ中へ降リテ、
ボクガ戦フ。

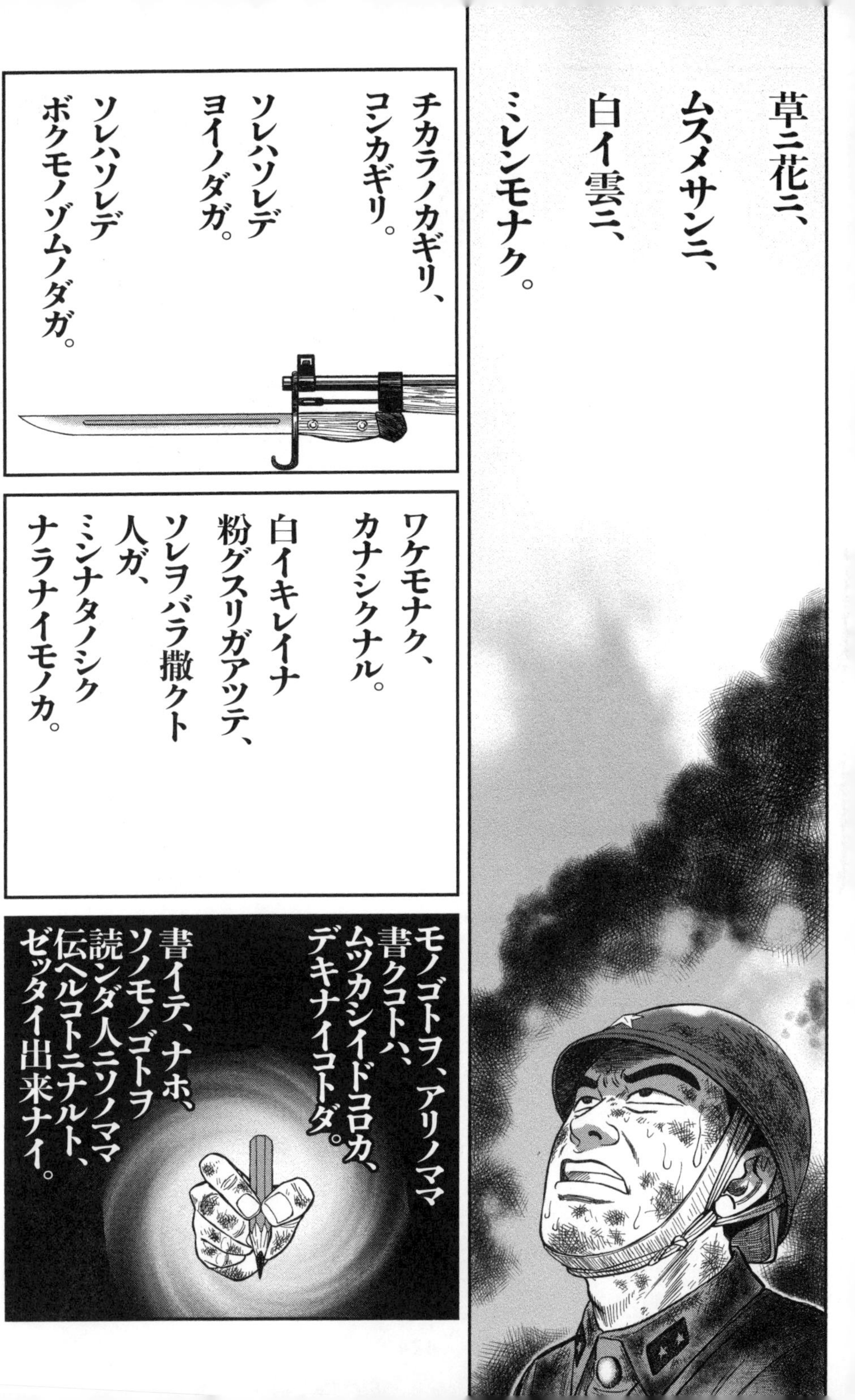
草ニ花ニ、
ムスメサンニ、
白イ雲ニ、
ミレンモナク。
チカラノカギリ、
コンカギリ。
ソレハソレデ
ヨイノダガ。
ソレハソレデ
ボクモノゾムノダガ。
ワケモナク、
カナシクナル。
白イキレイナ
粉グスリガアッテ、
ソレヲバラ撒クト
人ガ、
ミシナタノシク
ナラナイモノカ。
モノゴトヲ、アリノママ
書クコトハ、
ムツカシイドコロカ、
デキナイコトダ。
書イテ、ナホ、
ソノモノゴトヲ
読ンダ人ニソノママ
伝ヘルコトニナルト、
ゼッタイ出来ナイ。

戦争ガアル。
ソノ文学ガアル。
ソレハロマンデ戦争デハナイ。
敵中横断三百里
山中峯太郎著
皇軍
少年倶楽部
戦争と平和
感動シ、アコガレサヘスル。
アリノママ写スト云フニュース映画デモ、美シイ。
永遠の0
君は、俺のためにこそ死ににいく
男だけの大和
YAMATO
トコロガ戦争ハウツクシクナイ。
地獄デアル。

地獄モ絵ニカクト
ウツクシイ。
カイテイル本人モ、
ウツクシイト
思ツテヰル。
人生モ、ソノトホリ。
ではこの日記は「アリノママ」に書いているのかということまで、竹内は言及する。
コノ日記ハドウカト云ウト、
フルイニカケテ
書イタモノデアル。
書キタクナイモノハ
サケテヰル。
ト云ツテ、ウソハ
ホトンド書イテヰナイ。
ウソガナイト云ウコトハ、
本当ナコトトハ云ヘナイ。
本音の本音を言えば、そりゃ戦争になんか行きたくなかったはずだ。
しかしそれは書きたくなかったのである。
そして竹内は最終的に、芸術の子として戦争に行くという決意に至るのだ。
公
国のために戦わねばならない
葛藤
私
戦争に行きたくない
決断
個
芸術の子として戦争に行く

ぼくのねがひは
戦争へ行くこと
ぼくのねがひは
戦争をかくこと

戦争をゑがくこと

ぼくが見て、
ぼくの手で
戦争をかきたい

そのためなら、
銃身の重みが、
ケイ骨をくだくまで
歩みもしようし、
死ぬることすらさへ
いとひはせぬ。

一片の紙と
エンピツを
あたへよ

ぼくは、ぼくの手で、
戦争を、
ぼくの戦争がかきたい

気づかれてるなこれは…
上等じゃないか！
日本男児逃げも隠れもせん！
やつらを殺《や》って食糧を奪おう！
そうとも！カンヅメが腹いっぱい食えるぞ！
はらへったな〜〜〜〜っ。
ごちそうあるよ。
竹内〜〜〜っ!?

行くぞ！
竹内、オレについてこい！
はいっ！
突撃——っ!!
うおおおお

ドダダダダダダダ
ぐわっ…
わ〜〜〜っ!
天皇陛下ばんざ——い!

ぼくは…
立派に…
日本人
として…
芸術の子
として…

竹内浩三は、
フィリピン・バギオに
送られ、
そして、ついに
帰ってこなかつた。

おそらく戦場で
日記や詩に
書いていたであろう
竹内が見た戦争も、
その一切が
消え去つてしまつた。

そして戦後、竹内が
国内に遺した未発表の
詩や文章が発見された。
その中に
『**骨のうたふ**』と題する
詩があつた。

戦死やあはれ
兵隊の死ぬるやあはれ
とほい他国で
ひよんと死ぬるや
だまつて
だれもゐないところで
ひよんと死ぬるや
ふるさとの風や
こひびとの眼や
ひよんと消ゆるや

国のため
大君のため
死んでしまふや
その心や

苔いぢらしや
あはれや兵隊の死ぬるや
こらへきれないさびしさや
なかず　咆えず
ひたすら銃を持つ

白い箱にて
故国をながめる
音もなく
なにもない　骨

帰っては　きましたけれど
故国の人のよそよそしさや
自分の事務や
女のみだしなみが大切で
骨を愛する人もなし

骨は骨として
勲章をもらひ
高く崇められ
ほまれは高し
なれど　骨は骨
骨は聞きたかつた
絶大な愛情のひびきを
聞きたかつた
それはなかつた

がらがらどんどん
事務と常識が
流れてゐた
骨は骨として
崇められた
骨は
チンチン
音を立てて
粉になつた
ああ
戦死やあはれ

故国の風は
骨を吹きとばした
故国は発展に
いそがしかつた
女は
化粧に
いそがしかつた

なんにもないところで
骨は
なんにもなしになつた

一九四二・八・三

これは竹内が2カ月後に召集されることが確実となっていた時点で書いたものだが、
恐ろしいほどに、戦後から現在に至る日本の状況を見通している。
ところがこの詩は竹内の親友が「補作」と称して手を加えて発表し、それが世に広まってしまったが、本書で紹介したのはオリジナルである。
竹内の最期は戦死公報に「比島ルソン島一〇五二高地」において、「斬込戦斗に参加し未帰還にて生死不明なり」とあるだけで、詳細は一切不明。
「一〇五二高地」の場所さえ特定できず、骨すら帰ってこなかった。
まさしく、遠い他国の誰も知らないところで「ひょん」と死んでしまったのだった。

そして、戦後の日本は
竹内が書いたように
死者によそよそしく、
ただ発展に忙しく、
骨を吹き飛ばしたのだった。
もし今、竹内浩三が
日本に帰ってきたら、
何を思うだろうか？
驚いたことに
竹内は、そんな詩も
遺していたのだ！
『骨のうたふ』と
同時期に書かれ、
これと対を為すとも見られる
『日本が見えない』
という詩である。

この空気
この音
オレは日本に
帰ってきた
帰ってきた
オレの日本に
帰ってきた

でも
オレには
日本が見えない
空気がサクレツしてゐた
軍靴がテントウしてゐた
その時
オレの眼の前で
大地がわれた
まつ黒な
オレの眼漿が
空間にとびちつた

オレは光素（エーテル）を失ってテントウした
日本よ
オレの国よ
オレにはお前が見えない

一体オレは本当に日本に帰つてきてゐるのか
なんにもみえない
オレの日本はみえなくなつた
オレの日本が見えない

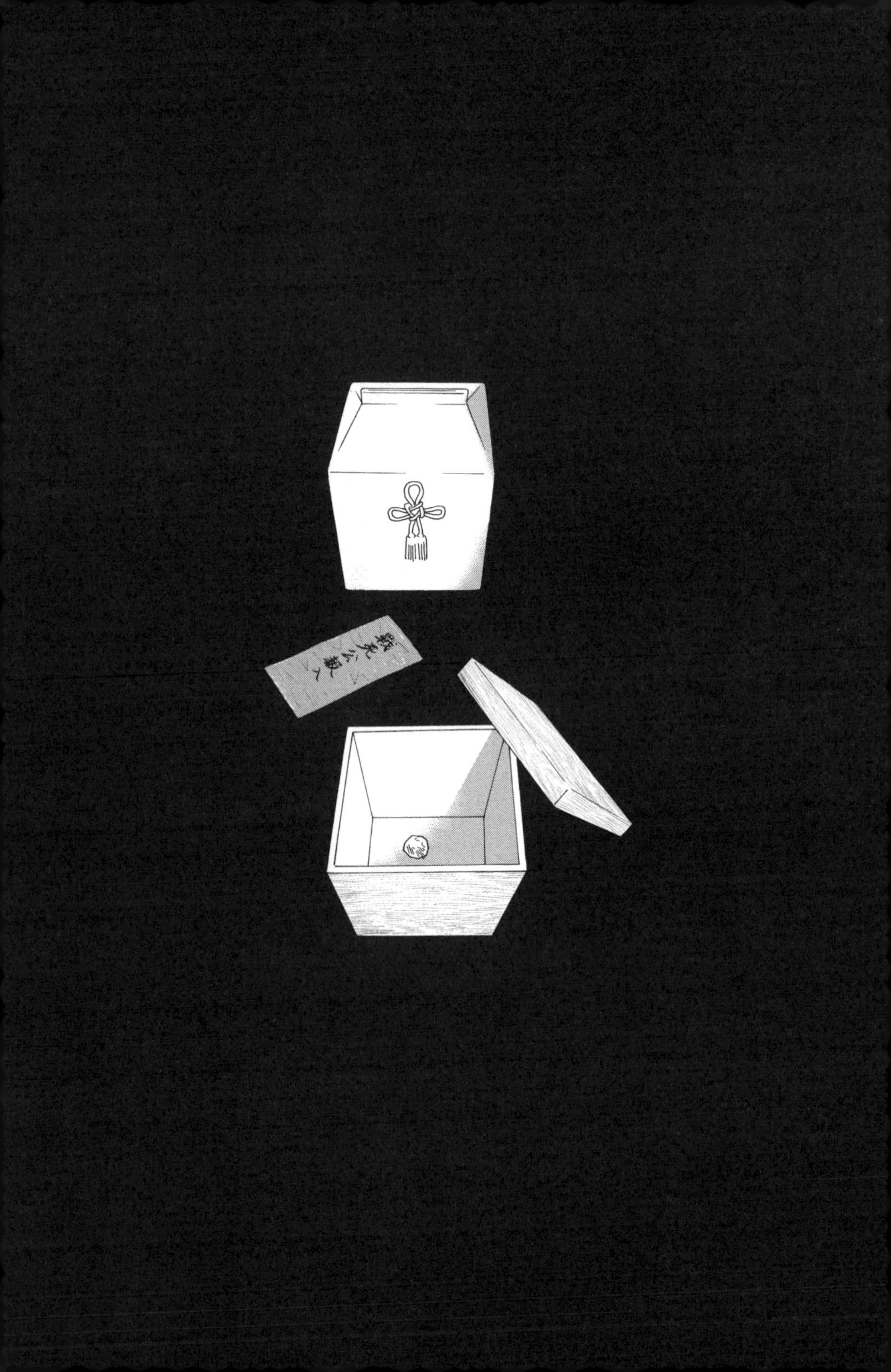

ごーまんかまして
よかですか？
葛藤に葛藤を重ね、戦地で「ひょん」と死んで、霊となって帰ってきても、報われるかどうかはわからない。
日本人がどんな日本をつくり、何を守っているかによるだろう。
完

あとがき　戦後70年に『新戦争論1』を問う

1998年発売の『戦争論』（幻冬舎）はロングセラーとなり、10代の若者から戦争体験者の90代までに読まれ、社会的な大議論を巻き起こした。その後も毎年版を重ねている。

本書を読んで自衛隊に入った、という若者が増えたと聞いたときは嬉しかった。

『戦争論』以前の言論や世論は、反戦平和思想が陳腐なイデオロギーに堕《だ》して、ナショナリズムは悪とされていた。

戦前の日本は悪、愛国心は悪、日の丸を掲げるのは悪とされ、戦中派の祖父の世代は、子や孫に戦争体験を語れない負い目を抱いていた。これがいわゆる自虐史観というものである。

戦時中の戦争犯罪について、懺悔《ざんげ》をする元日本兵はもてはやされるのだが、正々堂々と

あとがき

国のために戦ったのだと主張する元日本兵は無視されていた。
昭和20年の敗戦と東京裁判史観（日本悪玉史観）で、日本人の歴史は断絶させられていたのである。
『戦争論』は祖父の世代と孫の世代を繋《つな》ぐ書物になった。

ところが『戦争論』から十数年が経ってみると、自虐史観は衰退したが、その反動で過剰な自尊史観やタカ派発言が人気を集め、国旗を掲げて、単なる劣化した感情を噴出させるだけの、ヘイトスピーチが横行する時代になってしまった。
もちろんこの全部が『戦争論』の影響ではなく、あくまでも一部の読解力がない者たちが騒いでるだけなのだが、声が大きくて悪目立ちするから、始末に負えない。
「差別」への欲望のために愛国心を利用する愚挙《ぐきょ》が、主婦にまで拡がってしまう現状は、やはり「右傾化」したと言われても仕方がない。
近頃はマスコミから、何度「ネトウヨの生みの親として、責任を感じないか？」という質問を受けたかわからない。

確かにナショナリズムの質が低下して、戦争へのハードルが下がっていると、わしも思う。
いわゆる「保守」を自称する勢力が、大義なきイラク戦争を、諸手を挙げて支持する光景を見てわしは疑問を感じ、尖閣諸島をカネで買おうと寄付金を集める様子を見て、失望した。

そして国民の間に、覚悟なきナショナリズムが拡がっていることを確信した。
戦争を全面否定するサヨクにはとても同調できないが、侵略戦争も良しとする堕落には絶対付き合えない。さらには血で獲得するしかない領土をカネで買えると信じている安易さにも辟易したのだ。

『戦争論』から17年、そろそろ日本人の当事者意識と覚悟を徹底的に問う時期に来ているとわしは感じた。
引きこもりのネット民が一番タカ派な意見を言い、それに影響を受ける政権では、真の独立国の矜持《きょうじ》は保てない。
死ぬのは自衛隊であって、我々ではない、最も危険なのは米軍であって、自衛隊ではない、という構えでは、道義なき国家にならざるを得ない。

編集者の志儀氏に促されて、もう一度『戦争論』を描き始めたが、17年間の欲求不満が溜まり過ぎていたのか、描いても描いてもまだ足りない。
構想した章立ての半分も描かないうちに、このページ数になってしまった。
まだまだ描くべきことがあるので、まずは『新戦争論1』として出すことにした。
当然『新戦争論2』も描かねばならない。

あとがき

本書のカバーに使う人形を作ってくれたのは、宮川あじゅのしん氏である。どこかユーモラスな可愛さがある作風が気に入っているが、これを使ってデザインしてくれた鈴木成一氏は、インパクトのあるポップなカバーを作ってくれた。
本書の製作に関わってくれたすべての人たちに感謝します。

2015年1月2日　小林よしのり

参考文献

第10章　民主主義は万能ではない

・『閉された言語空間』江藤淳／文春文庫

第14章　国民の手本、少女学徒隊

・『嗚呼沖縄戦の学徒隊』金城和彦／原書房
・『みんなみの巌のはてに　沖縄の遺書』金城和彦・小原正雄／光文社
・『沖縄の戦禍を背負ひて　金城和信の生涯』殉國學徒顕彰会／金城和信先生遺徳顕彰会

第16章　戦争の悲惨を知った上での覚悟

・『争点・沖縄戦の記憶』石原昌家・大城将保・保坂廣志・松永勝利／社会評論社
・『沖縄決戦　高級参謀の手記』八原博通／読売新聞社

第19章　20世紀の女性の人権侵害とは「性奴隷」である

・『春駒日記』森光子／朝日文庫
・『吉原花魁日記』森光子／朝日文庫

第21章　日系ブラジル人「勝ち組」が信じたい情報

・『木村政彦はなぜ力道山を殺さなかったのか』増田俊也／新潮社
・『日本は降伏していない　ブラジル日系人社会を揺るがせた十年抗争』太田恒夫／文藝春秋
・『狂信　ブラジル日本移民の騒乱』高木俊朗／ファラオ企画
・『陛下は生きておられた　ブラジル勝ち組の記録』藤崎康夫／新人物往来社

最終章　葛藤の果て「ひょん」と死ぬる

・『恋人の眼やひょんと消ゆるや　戦没の天才詩人竹内浩三』小林察／新評論
・『竹内浩三全集1　骨のうたう』小林察＝編／新評論
・『戦死やあわれ』竹内浩三／小林察＝編／岩波現代文庫
・『ぼくもいくさに征くのだけれど　竹内浩三の詩と死』稲泉連／中公文庫
・『竹内浩三全作品集　日本が見えない』小林察＝編／藤原書店

著者紹介　小林よしのり

漫画家。昭和二十八(一九五三)年、福岡県生まれ。
昭和五十一(一九七六)年、大学在学中に描いたデビュー作『東大一直線』が大ヒット。
平成四(一九九二)年、「ゴーマニズム宣言」の連載スタート。
以後、「ゴー宣」本編のみならず『戦争論』『沖縄論』『靖國論』『いわゆるA級戦犯』『パール真論』『天皇論』『昭和天皇論』『新天皇論』『国防論』『大東亜論 巨傑誕生篇』『ＡＫＢ48論』といったスペシャル版も大ベストセラーとなり、つねに言論界の中心であり続ける。
平成二十四(二〇一二)年よりニコニコチャンネルでブログマガジン「小林よしのりライジング」配信を開始。

スタッフ

人形・ジオラマ制作　宮川あじゅのしん
ジオラマ撮影　岩田和美(鈴木成一デザイン室)
ブックデザイン　鈴木成一デザイン室
構成　岸端みな(よしりん企画)
作画　広井英雄・岡田征司・宇都聡一・時浦兼(よしりん企画)
編集　志儀保博(幻冬舎)

ゴーマニズム宣言
SPECIAL
新戦争論
1

2015年1月30日　第1刷発行
2015年3月20日　第3刷発行

著者
小林よしのり

発行者
見城 徹

発行所

GENTOSHA
株式会社 幻冬舎
〒151-0051 東京都渋谷区千駄ヶ谷4-9-7
電話 03-5411-6211(編集)
03-5411-6222(営業)
振替 00120-8-767643

印刷・製本所
中央精版印刷株式会社

検印廃止

Printed in Japan
ISBN978-4-344-02713-8 C0036

幻冬舎ホームページアドレス http://www.gengtosha.co.jp/
この本に関するご意見・ご感想をメールでお寄せいただく場合は、
comment@gentosha.co.jpまで。